湖南省教育科学“十二五”规划2015重点课题
“幼儿园教育活动资源建设研究”阶段性成果
课题批准号：XJK015AJC002

幼儿园教育活动
资源建设研究丛书

丛书主编：周丛笑

直击《指南》

幼儿园生活活动

本册主编：李　奕

中国出版集团
東方出版中心

图书在版编目(CIP)数据

直击《指南》幼儿园生活活动/李奕主编. —上海：东方出版中心，2019.5

(幼儿园教育活动资源建设研究丛书/周丛笑主编)

ISBN 978-7-5473-1445-6

Ⅰ.①直… Ⅱ.①李… Ⅲ.①活动课程–学前教育–教学参考资料 Ⅳ.①G613.7

中国版本图书馆 CIP 数据核字(2019)第 049337 号

丛书主编　周丛笑
本册主编　李　奕
责任编辑　邓　伟

直击《指南》幼儿园生活活动

出版发行：东方出版中心
地　　址：上海市仙霞路 345 号
电　　话：(021)62417400
邮政编码：200336
经　　销：全国新华书店
印　　刷：江苏南通韬奋印刷有限公司
开　　本：720mm×1000mm　1/16
字　　数：210 千字
印　　张：12.75
版　　次：2019 年 5 月第 1 版第 1 次印刷
ISBN 978-7-5473-1445-6
定　　价：38.00 元

前言

幼儿园教育活动资源建设的理论构想

《国家中长期教育改革和发展规划纲要(2010—2020年)》吹响了“基本普及学前教育”的号角,并要求“把提高质量作为教育改革的核心任务”,“加强优质教育资源开发与应用”;《国务院关于当前发展学前教育的若干意见》启动了“学前教育三年行动计划”。由此,我国学前教育迎来了发展的春天。

当聚光灯射向学前教育时,教育部《关于规范幼儿园保育教育工作,防止和纠正“小学化”现象的通知》不失时机地开始了学前教育的“自我矫正”程序,而《3—6岁儿童学习与发展指南》(以下简称《指南》)则掀起了我国幼儿园教育的“新一轮革命”。由此,我国学前教育进入了改革的“深水区”。

有目共睹的是,改革开放30多年来,幼儿园教育改革与发展的经验和教训,似乎均证明了一个朴素的道理:幼儿园教育必须以适宜于幼儿学习与发展的活动为基本形式,而资源是活动得以有效开展的基础和条件。从《幼儿园工作规程》(以下简称《规程》)到《幼儿园教育指导纲要(试行)》(以下简称《纲要》),幼儿教育界在这一点上基本达成了共识。

很显然,教育活动构成了幼儿园教育的核心。然而,幼儿园应该开展哪些教育活动?如何为其提供丰富的资源,使其有效地开展?时至今日,这两个基本问题不仅仍然困扰着一线教师,而且在学术界也没有达成真正的共识。

俗话说,巧妇难为无米之炊。长久以来存在的教育活动资源缺乏科学性、系统性、针对性、适切性、便捷性等问题,已经成为制约幼儿园教育活动有效开展的关键因素之一。在如火如荼的改革与发展形势下,要全面提高幼儿园教育质量,必须对教育活动资源建设展开研究,以期为教育活动的有效开展提供一个强有力的“支架”。

一、幼儿园教育活动资源建设的价值阐释

马克思指出:“价值,这个普遍的概念是从人们对待满足他们需要的外界物的关系中产生的。”价值所表示的是客观事物对人类社会的存在和发展所具有的作用和意义。幼儿园教育活动资源建设的价值,是说明其作用和意义的。

(一) 幼儿园教育活动资源建设有利于为幼儿的学习与发展提供多方面支持,促进幼儿的全面发展

一方面,建设大量丰富的,以具体形象、生动活泼、亲自参与为特征的幼儿园教育活动资源,可将幼儿真实地引入到幼儿园教育活动中;而适宜的、开放性的、社会和自然的教育活动资源,会给幼儿提供教材和配套教辅资料无法替代的信息刺激、感官刺激、思维刺激,这对幼儿身体机能、认知水平、社会性情感发展的价值是不言而喻的。

另一方面,当幼儿的真实生活成为教育活动情境,幼儿各自的态度、能力、知识等将会自然地呈现出来,成为幼儿间互动互补的依托,促成幼儿从被动学习走向主动探索。面对丰富的幼儿园教育活动资源,幼儿面临着如何获取信息,如何筛选信息,如何从这些信息中归纳出对解决问题有价值的信息等问题,需要学习如何行使自主选择活动及其相应资源的权利,学习如何认识自我、调整自我与激励自我——真正找到蕴藏于本体之中的教育主体的自我教育资源。这一过程将形成并强化幼儿处理信息的能力,并且逐渐培养幼儿独立学习的意识、能力和习惯,使幼儿真正学会学习,促成幼儿最终成为幼儿园教育活动资源的主体和学习的主人,学会主动地、有创造性地利用一切可用资源,为自身的学习、实践、探索性活动服务。

从这个意义上说,幼儿园教育活动资源建设能为幼儿表现潜能、发展个性、培养能力提供支持,并成为促进幼儿发展的基石;能使幼儿在任何需要的时候获得资源来满足学习与发展的需求,解决自己学习中的困难,成为有一定独立学习能力的人。

(二) 幼儿园教育活动资源建设有利于为教师组织各类教育活动提供专业引领,促进教师的专业发展

教师的专业发展是指作为社会职业人员的教师从接受师范教育的学生,到初任教师,到有经验的教师,到实践教育家的持续过程。幼儿园教育活动资源的建设,在给教师带来挑战的同时,也为其提供了专业发展的广阔舞台和良好契

机。通过资源建设的实践活动，教师将与自然和社会互动，不断地融入自然和社会生活，深化对自然、社会及人与自然、人与社会的关系的感悟，获得与他人分享智慧的机会和创造的广阔空间，赢得专业自主权和幼儿园教育活动决策权，摆脱对资源的无意识状态，实现认识上的飞跃。

作为教师专业发展的理想途径，幼儿园教育活动资源建设可以在以下几个方面促进教师的成长。

首先，幼儿园教育活动资源建设能促进教师专业能力的发展。教师的专业能力不是与生俱来的，而是来自创造性的实践活动。在资源建设的实践中，教师要改变支持幼儿的思路和方式，转变行为习惯和行为方式，要培养和施展自己的教育智慧，创造性地为幼儿提供支持和指导，从而不断提高专业水平。更为重要的是，教师要经历反复的操作等资源建设实践活动，这一过程可使教师的专业能力得到优化和发展。

其次，幼儿园教育活动资源建设能促进教师知识结构的优化。资源建设能促使教师将教育理论和教育实践联系起来，依靠专业知识解决问题。教师在解决问题的过程中不断反思和改进自己的实践，融专业服务和专业研究为一体，逐步形成自己特有的专业知识。同时，它还迫使教师关注自己专业以外的领域，接触各行各业的社会人士，从而使教师的社会知识和人际交往的经验有长足的发展。这样，教师的知识体系就会得到扩展和改进，最终实现知识结构的重整与优化。

再次，幼儿园教育活动资源建设能增强教师的合作意识。资源建设使教师的工作方式和指导学习的方式发生根本变化，使教师从个体走向合作，和幼儿、同事、家庭、社区进行沟通与联系，促进相互间的理解。在幼儿依托资源进行的学习中，教师指导的内容包括生活经验、基础知识等很多方面，几乎很难依靠一个人很好地完成对幼儿所有问题的全部指导工作，这就要求教师在关注幼儿教育走向的同时关注其他相关领域，从习惯于孤军奋战、独立完成资源建设任务转变为善于和其他教师一起合作，共同完成任务。因此，资源建设不仅是幼儿成长的有益途径，也是加强教师间的合作和凝聚力，提升教师专业形象，创造新型教师文化的重要途径。

最后，幼儿园教育活动资源建设能促进教师角色和工作方式的转变。在资源建设的实践中，教师将与幼儿一起获取知识，在建设过程中转变其传统的角色形象。教师将不仅是知识经验的提供者，也将成为幼儿获取知识经验的组织者和合作者；不仅是知识经验的拥有者，也将同时变为一个学习者。各种教育资源特别是现代化的教育资源引入幼儿园教育活动，将极大地改变教师的工作方式。教师将不再只是教科书的被动讲授者、幼儿园教育活动的被动执行者，而是幼儿园教育活动目标的制订者、实施者，将主动、积极地参与幼儿园教育活动的全过程，实现工作方式的根本转变。

（三）幼儿园教育活动资源建设有利于防止和纠正“小学化”现象，促进园所的内涵发展

教育部明确规定：规范幼儿园保育教育工作，防止和纠正“小学化”现象，首先要遵循幼儿身心发展规律，纠正“小学化”教育内容和方式。幼儿园要遵循幼儿的年龄特点和身心发展规律，科学制订保教工作计划，合理安排和组织幼儿一日生活；要坚持以游戏为基本活动，灵活运用集体、小组和个别活动等多种形式，锻炼幼儿强健的体魄，激发探究欲望与学习兴趣，养成良好的品德与行为习惯，培养积极的交往与合作能力，促进幼儿身心全面和谐发展。其次要创设适宜幼儿发展的良好条件，整治“小学化”教育环境。幼儿园要创设多种区域活动空间，配备丰富的玩具、游戏材料和幼儿读物，为幼儿自主游戏和学习探索提供机会和条件。

科学、系统地建设幼儿园教育活动资源，就是贯彻落实教育部精神的重要举措。因为，它能为幼儿园各类教育活动的有效开展提供强有力和可持续性的保障系统，使幼儿的“学”和教师的“教”都有抓手，使幼儿园由仅以上“传统的课”为主转变为开展丰富的游戏和活动，从而从根本上防止和纠正“小学化”现象，全面提高教育质量。

幼儿园的内涵发展，表现为培养出来的孩子具有鲜明的个性和独创性，也意味着幼儿园要根据自己的园情开展体现园际差异的教育活动。而这，有赖于各个幼儿园独特的教育活动资源。因此，幼儿园和教师应对呈现多元形态的教育活动资源的作用和价值有清醒的认识，并不断加强资源建设，将传统意义上只是忠实地执行幼儿园教育活动计划的教师的“教”和幼儿的“学”，不断让位于师幼共同开发、整合、利用教育活动资源进行互教互学的过程。

资源作为幼儿园教育活动形成、发展、完善的基础和前提，其开发利用的范围和程度成为活动开展的基本保障——它是幼儿园教育活动目标达成的桥梁、活动顺利实施的条件和载体。资源建设对幼儿园的内涵发展、持续发展具有重要意义。

同时，幼儿园教育活动资源建设的过程，还将是动态地充分发挥整个幼教团队的人力和信息资源优势的过程，在此过程中能够实现园际之间的良好合作和优势互补，更将在园所间形成一个互相交流、取长补短、资源共享的平台，从而使缩小园所之间的办园差距成为可能。

二、幼儿园教育活动资源建设的内涵剖析

内涵，是指一个概念所反映的事物的本质属性的总和。本节拟通过剖析幼儿园教育活动资源建设的概念和范畴，来揭示幼儿园教育活动资源建设的本质。

(一) 幼儿园教育活动资源建设的概念

1. 幼儿园教育活动

活动，在《教育辞典》(朱作仁主编，江西教育出版社 1987 年版)里解释为人有意识、有目的地影响周围环境的过程。人的活动是有意识的活动，它总是指向一定的目标或对象。而以皮亚杰为首的心理学家认为，儿童发展在于其本身与外界环境相互作用的建构，儿童在其发展的早期阶段，其智力十分依赖于“某种外在的运动性质的操作”。也就是说，儿童早期发展的关键在于儿童与周围世界的交互活动。

幼儿园教育活动不仅应该包含教育辞典所指的活动的基本意义，还应包含心理学上的儿童发展观念。对此，《纲要》指出：“幼儿园的教育活动，是教师以多种形式有目的、有计划地引导幼儿(开展)生动、活泼、主动活动的教育过程。”这说明，首先，幼儿园教育活动是一种有目的、有计划的活动，其引导者是教师。其次，幼儿园教育活动还应是幼儿的主动活动，教育活动应满足幼儿的兴趣和需要，幼儿是活动的主体。再次，教育活动应有多种开展形式，从活动类型上，可分为集体教学活动、游戏活动、生活活动等；从组织形式上，可分为集体活动形式、小组活动形式和个体活动形式。

我们认为，可以这样对幼儿园教育活动进行界定：幼儿园教育活动是教师有目的、有计划地引导幼儿开展生动、活泼、主动活动的，以促进幼儿全面发展为目的的、形式多样的教育过程，它包括生活活动、游戏活动、区域活动、集体教学活动、亲子活动等。

2. 幼儿园教育活动资源

资源，系一国或一定区域内拥有的物力、财力、人力等各种物质与精神要素的总称。马克思、恩格斯指出，自然资源和人类社会资源同时存在。

本书中的幼儿园教育活动资源，指的是为幼儿园教育活动提供多方面支持所需要的可开发和利用的资源系统，如自然资源、社会资源等，它们可以人、物、活动、网络等为载体。换句话说，幼儿园教育活动资源是教育活动开展过程中可利用的一切人力、物力以及自然资源的总和，它们能保障幼儿园教育目标的实现和教育活动的顺利开展。因此，一切幼儿园获取方便、具体有效并有利于教育活动开展、有利于幼儿学习与发展的因素和材料都可称为幼儿园教育活动资源。

3. 幼儿园教育活动资源建设

建设，《现代汉语词典》(商务印书馆 2016 年第 7 版)解释为：创立新事业；增加新设施。本书中的幼儿园教育活动资源建设，主要指教育活动资源的科学开发与综合利用。其中科学开发就是寻找、创造一切有可能进入幼儿园，能够与幼儿园各年龄段各类教育活动联系起来的资源；综合利用则是赋予或挖掘资源的教育价值并将资源应用于教育过程的各种活动。我们认为，幼儿园教育活动资源的科学开发与综合利用是一体的两面，科学开发是综合利用的前提，综合利用是科学开发的目的，而科学开发的过程包含一定的综合利用，在综合利用的过程中也会促进进一步的科学开发。将科学开发与综合利用合为一体，我们称之为“建设”。

(二) 幼儿园教育活动资源建设的范畴

从理论上讲，幼儿园教育活动资源是无所不在、无时不有的，它并不局限于幼儿园内部，而是来源于广阔的自然、社会、文化环境与幼儿的实际生活之中，以多样化的表现形式存在于人们周围。但是，相对于人来讲，它是外在的、对象性的存在，不会自觉进入教育活动领域显示其潜隐价值，需要人们发挥主体意识，能动性地去开发和利用。因此，有必要对幼儿园教育活动资源划定一个大致的范畴以深化认识。

1. 人力资源

(1) 教师

首先，教师自身是最丰富的资源——其教育思想、教育伦理、思维方式、心理素质、价值观念、专业知识、专业技能、教育潜能、饱含生命力的生活经验与人生体验、人格魅力等重要的隐形资源，都能在教育活动过程中发挥、创造出比自身价值更大的新的教育活动资源。

其次，如果教师认识到资源建设的重要性，掌握资源建设的方法，注重资源建设的经常性和便捷性，那么教师间不仅可以共享资源，还能在有限的空间内，

充分利用资源，优化改进教育活动，并积极地开发资源来保证教育活动的顺利进行。事实上，有些教师甚至能够在资源紧缺的情况下，凭借自己对教育、对幼儿发展需要的解读，“化腐朽为神奇”，在活动中创造出活的教育素材和资源，供幼儿选择与分享，从而超水平发挥自身作为资源的作用，实现自身的独特价值。

因此，在幼儿园教育活动资源建设的过程中，要始终把教师队伍建设放在首位，通过对教师这一重要资源的突破来带动其他资源的建设。同时，幼儿园的支持人员包括保健医生、厨师、门卫和维修人员等，他们也发挥着资源的作用，也应该引起重视。

(2) 幼儿

幼儿拥有自己独特的存在形式或文化，他们不仅仅是教育的对象，更是最重要的资源之一。没有对幼儿这一具有内生性、生成性、鲜活性的教育活动资源的研究与尊重，没有将幼儿也当作一种重要的教育活动资源的意识，将会极大地影响资源建设，影响教育活动的开展。

如何理解幼儿中的教育活动资源？首先，幼儿的经验是一种资源。幼儿的经验是教育的起点。知识只有与幼儿的经验结合起来并最终内化为经验才是有价值的。教师要善于把幼儿已经掌握的和能够发现的信息作为资源，以使教育内容更丰富，更贴近生活实际，更贴近幼儿的兴趣爱好。其次，幼儿的兴趣是一种资源。兴趣是学习的动力，要想使教育获得成功，就要想办法将幼儿的兴趣与教育结合起来。再次，幼儿的差异是一种资源。幼儿在生活经验、兴趣、智能倾向上有差异，从逻辑上讲，差异可能导致两种状况：冲突和共享。幼儿之间可能会因为差异而形成冲突，但是如果引导得好，也可以共享差异，在差异中丰富和拓展自己——尊重、珍惜并善于把幼儿富有个性的思维方法、多样化的探索策略和探索成果作为一种资源加以利用，将更有利于幼儿的学习与发展。

(3) 家长

家长包括幼儿的父辈、祖辈亲属和监护人。家长中有各种人才，蕴涵着丰富的教育资源。

首先，家长的理解和支持是宝贵的资源。随着教育观念的更新和转变，充分发动家长参与幼儿园的教育活动，已逐渐成为一种教育常态。这样，家长的支持与理解就成为宝贵的资源，成为保证教育活动顺利开展的重要前提。

其次，家长各不相同的职业背景、爱好特长、人生经历等，是含量丰富、可开发与利用程度高的资源。家长们承担着不同的社会角色，有丰富的社会知识和经验，教师依据教育活动目标，与条件适合的家长联系，请家长直接参与活动的组织，与教师一起成为施教者，不仅可以使家园联系更加密切，优化家园同步教育，还可挖掘家长中的教育资源、发挥家长的教育潜能。

再次，幼儿家长特殊的社会关系是一种高效而难得的资源。特殊的社会关系使有些家长有能力请一些知名的科学家或艺术家到幼儿园来；有办法为幼儿园与辖区单位牵线搭桥建立某种联系，组织双向服务；有可能为幼儿园争取、筹集到教育资金或协调各方面关系，解决资源建设难题等。

目前，幼儿园越来越重视家长，但从总体上看，重视的主要是家长能为幼儿园提供哪些帮助和家长对幼儿园的评价，家长依然处于配合的地位。幼儿园尚未充分发掘家长中潜藏的教育活动资源。

(4) 社区人士

除了幼儿家长，居住在同一个社区的具有各种专业特长的居民、公职人员、企业界人士、专家学者等，都是可以充分利用的人力资源。他们可以在社区内为幼儿园办好事、办实事，如成立社区义工队、组织各种社区教育活动，为幼儿提供实践基地，向教师介绍前沿学术动态、为教育提供智力支持等，通过这些方式帮助幼儿园不断提高教育质量。

2. 物质资源

幼儿园教育活动物质资源是指以历史、现实和将来存在的物为载体的资源，即物化形态的资源。这类资源较多，只要是附载信息的物，如自然环境、教育活动时间和场地、教学设施和设备、玩教具和游戏材料、师幼读物等，都有可能成为此类资源，关键是要根据需要灵活开发和利用。这里仅谈谈玩教具、游戏材料的建设。

游戏是正在成长中的儿童最大的心理需求。儿童需要游戏，就如需要安全和食物一样。如果儿童能获得与其发展相适宜的游戏环境，那么游戏对儿童来说，就不只是“工作”或生活，还是主动、自觉及愉快的、有益的学习，是一种对社会、对自然的有益探寻，也是儿童接触社会文化的重要途径。因此，充足的游戏材料、适当的场地配置、数量与品种适宜的玩教具、自由摆弄玩具材料的时间和空间等支持游戏顺利进行的物质资源与隐性资源，是极其重要的教育活动资源。

幼儿园应改变玩教具、游戏材料等资源的提供仅仅是由资料室人员做好计划，购买后发放给班级使用的现状，在玩教具与游戏材料等资源建设上逐步做到

以下几点：充分挖掘自然资源和生活中废旧物品的教育价值，收集、整理后投放到班级，运用于各类教育活动中；根据不同班级主题活动的不同阶段配置资源，如发放一定数额的费用给教师购买各种书籍、材料等；同一年龄班的活动区材料可以资源共享；成立教育活动支持小组，外聘教育专家分析教师和幼儿的需要，在进行资源调查与分类的基础上建立资源库；设置资源室，陈列不同年龄主题活动所需要的材料和各种信息资料，以便教师自由取放等。

3. 社区资源

社区指“在一定地域形成的社会生活共同体”(《现代汉语词典》，商务印书馆2016年第7版)。社区为人们提供了社会交往的组织空间和活动区域；同时，社区对人的思想观念、行为规范、生活和发展有着深刻的影响。社区蕴藏着的丰富资源，其优势往往是幼儿园内的资源所不可比拟的。

(1) 社区物质环境资源

社区的文化基础设施如图书馆、体育馆等始终是幼儿教育的重要场所，如何最大限度地开发和利用以满足幼儿活动的需求，是资源建设过程中必须关注的。对幼儿来说，社区儿童活动场所、社区幼儿实践基地、工厂、农村、机关、部队、商场等，都是幼儿向社会学习的场所。这些单位在社区所辖范围内，与幼儿园建立长期的合作关系，可以为幼儿提供了解社会、从事实践活动的条件，充实幼儿园教育的内容，增强教育活动实效性。

(2) 社区民间艺术资源

有一定区域特征的民间艺术是一种大众的艺术形式，是最直接的来自生活、反映生活的艺术。形式多样化的社区民间艺术，如民间美术(民间绘画、手工、雕塑等)、民间音乐(民间歌曲、舞蹈、戏曲等)、民间文学(民间歌谣、故事、传说等)等，是最为鲜活的、不可或缺的幼儿园教育活动资源。

4. 网络资源

网络信息技术的发展，为幼儿园教育活动资源的开发利用提供了信息平台，各种类型的网络教育资源是幼儿园获得高质量数字化、信息化教育资源的途径。

由于网络信息一般都是以网页的形式存储在服务器中，所以网络资源往往依附于一定的网站。以信息处理数字化、存储光盘化、呈现方式多媒体化、传输网络化、学习资源系列化等为主要特征的网络教育资源，主要来自一定的教育网站和科普网站。因此，网络教育资源的质量是与其依附的教育网站的质量密切相关的。幼儿园要想获取高质量的网络教育资源应首先选择优秀的教育网站，如科学育儿网(http://yuer.cbern.com.cn/)、中国学前教育研究会(http://www.cnsece.com/)等。

尽管网上教育资源库的种类有很多,但是,适合幼儿年龄特点的学习、交流方面的教育资源依然不足——主要是缺乏科学的、系统的、理论与实操兼顾的素材库以及使用资源的工具(如搜索引擎),且资源的更新不够,资源管理、检索系统也比较复杂。

随着信息技术的深入发展,网上教育资源建设的不足成为制约幼儿教育信息化发展的瓶颈,教师很难快速准确地找到所需要的资源,获取资源的效率较低。因此,应明确幼儿园教育活动网络资源库的建设目标,建立便捷的分类检索系统、资源档案系统和各类教育活动资源库,拓宽园内外教育活动资源及其研究成果的分享渠道,提高使用效率。

三、幼儿园教育活动资源建设的应然路径

路径,指到达目的地的路线。本书所指的幼儿园教育活动资源建设路径,主要涉及幼儿园教育活动资源建设应秉承的观念、应遵循的原则以及建设的基本步骤三个方面。

(一) 幼儿园教育活动资源建设应秉承的观念

观念是人们对事物的主观与客观认识的系统化之集合体。人们会根据自身形成的观念进行各种活动,如对事物进行决策、计划、实践、总结等。因此,观念具有主观性、实践性、发展性等特点。形成正确而清晰的观念,有利于做正确的事情,提高做事的水平和质量。对幼儿园教育活动资源建设而言,秉承正确而清晰的观念,有利于提高资源建设的水平和质量。

1. 需求观

幼儿园教育活动资源建设的目的,是要为各类教育活动服务,为幼儿的学习与发展服务,因而无论在内容上还是在功能上都应充分考虑幼儿园教育活动的需求,考虑幼儿学习与发展的需要,使幼儿园教育活动的开展有"支架",使幼儿的学习与发展有抓手,使幼儿园教师和其他幼教工作者能方便及时地获取所需要的信息,使资源具有可利用性。在了解需求的基础上,必须进行需求分析,即结合实际情况,从专业的角度对需求信息进行科学的分析和表述。

2. 系统观

幼儿园教育活动资源建设是一个系统工程,牵涉不同类型的教育活动和

幼儿学习与发展的多方面需求，需要综合幼儿年龄特点、幼儿教育规律、政策法规、硬件配置、师资水平等来考虑各个因素之间的复杂关系，因而决定了幼儿园教育活动资源建设的系统性。幼儿园教育活动资源建设不仅要处理系统内各个子模块之间的结构关系，更要正确处理其与幼儿教育这个大系统中其他子系统之间的关系，只有真正实现了模块之间、系统之间的协调发展，幼儿园教育活动资源才能被高效地利用起来，这是避免重复建设而浪费资源的必要因素。

3. 规范观

幼儿园教育活动资源的建设必须符合幼儿教育的规律和特点，对年龄段、资源种类、呈现方式、文件格式等进行确定时要根据统一的规范标准，符合国家相关规定。由于各地区幼儿教育水平发展不一致，因而在幼儿园教育活动资源建设方面必然存在差异，只有按照相对统一的要求或标准建设资源，实现资源统筹、资源交流与共享才具有可行性，并与世界接轨。

4. 动态平衡观

幼儿园教育活动资源的建设并不是一步到位的，而是一个“缺失—供给—平衡—缺失—供给—平衡……”不断循环的动态过程，它和整个幼儿教育的发展是相辅相成的。随着幼儿教育水平的提高和幼儿教育需求的不断增加，幼儿园教育活动资源的功能和内容应该不断地完善和更新，以适应时代发展的要求。

（二）幼儿园教育活动资源建设应遵循的原则

原则规范着人们的行为，是正确行动的依据、尺度和准则。幼儿园教育活动资源的建设不是随意而行的，同样需要一定的原则来规范。

1. 开放性原则

幼儿园教育活动资源的建设要以开放的心态对待人类创造的一切文明成果，尽可能开发与利用有益于教育活动的一切可能的资源。资源建设的开放性包括类型的开放性、空间的开放性和途径的开放性。类型的开放性，是指不论以什么类型、形式存在的资源，只要有利于提高教育质量和效果，都应是开发与利用的对象。空间的开放性，是指我国地域广阔，地区之间差别大，资源组合有所差异，不同地区间的幼儿园教育活动资源具有很强的互补性和动态交流的必然性，因此不论园内的还是园外的，城市的还是农村的，国内的还是国外的，只要有利于提高教育质量，都应加以开发与利用。途径的开放性，是指资源建设不应局限于某一种途径或方式，而应探索多种途径或方式，并且尽可能地协调配合使用。

2. 经济性原则

幼儿园教育活动资源的建设要尽可能用最少的开支和精力，达到最理想的效果，具体包括开支的经济性、时间的经济性、空间的经济性和学习的经济性。开支的经济性，是指用最节省的经费开支取得最佳效果，尽可能“少花钱多办事”“不花钱也办事”，不应借口资源建设而“大兴土木”，不计高昂的经济代价。时间的经济性，是指应尽可能开发与利用那些对当前教育活动有现实意义的资源，而不能一味等待更好的条件或时机，否则就会影响幼儿园教育活动的实施。空间的经济性，是指资源建设要尽可能就地取材，不应舍近求远，好高骛远。园内有的不求助于园外，本地有的不求助于外地。学习的经济性，是指尽可能开发与利用能激发幼儿学习兴趣的资源。

3. 针对性原则

幼儿园教育活动资源的建设是为了教育目标的有效达成，针对不同的目标应该建设与之相适应的资源。一般说来，每一种资源对于特定的目标具有不同的作用和功能，不同的目标就需要建设不同的资源。但是，由于资源本身的多质性，同一的资源又可以服务于不同的目标，所以，幼儿园教育活动资源的建设就必须在有明确目标的前提下，认真分析与目标相关的各种资源，认识和掌握其各自的性质和特点，这样才能保证资源建设的针对性及有效性。

4. 个性化原则

尽管幼儿园教育活动资源多种多样，但是相对于不同的地区、幼儿园、教师和不同类型的教育活动，可供开发与利用的资源具有极大的差异性。因此，资源建设不应强求一致，而应从实际出发，发挥地域优势，强化园本特色，区分活动特性，展示教师风格，扬长避短乃至补短。资源建设本身就是一项极具创造性的实践活动，每个地区的资源都是独特而丰富的，因为不同区域、不同民族的文化是有差异的，从本地资源中开发出更多可利用的教育因素，既要保持文化的独特性，同时又要引导幼儿学会理解和尊重多样文化。

（三）幼儿园教育活动资源建设的基本步骤

步骤，指事情进行的程序、次第。幼儿园教育活动资源的建设步骤，指的是为了达到教育目的所设计的资源建设的程序。我们认为，应按照“团队组建—调研论证—方案设计—资源收集、遴选与研发—推广应用—评价反馈—持续更新”的路径来展开幼儿园教育活动资源建设，具体步骤见下图。

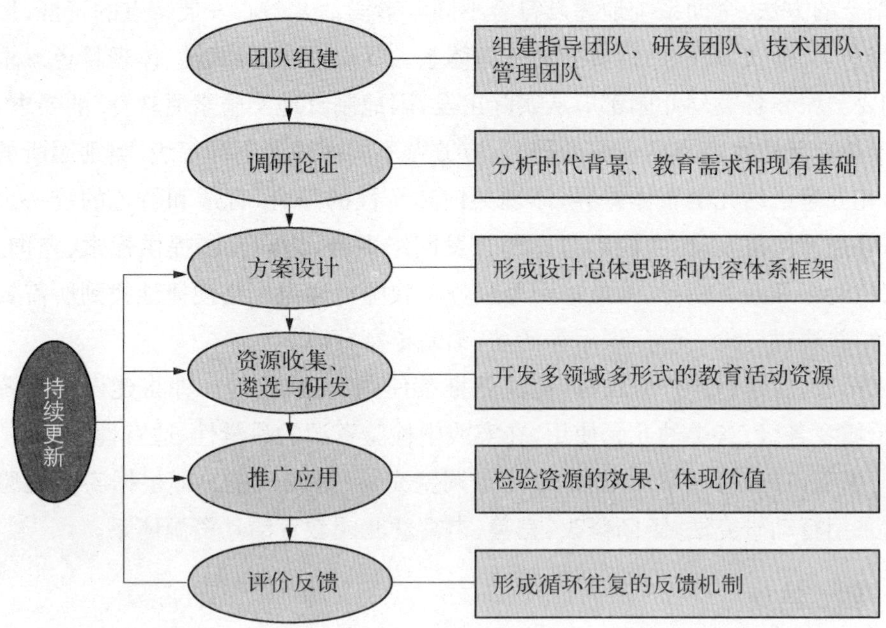

从上图可以看出，幼儿园教育活动资源建设是一个滚动发展、不断充实的过程，同时需要注意以下几点：

第一，在开展调研论证时，要认真领会《规程》《纲要》《指南》等政策精神，全面了解儿童学习与发展的研究成果，全面调查城乡各类幼儿园的教育活动资源需求情况，形成资源建设整体方案，规划并确定资源建设的具体内容，如根据各类教育活动需求，全面建设生活活动资源、区域活动资源、游戏活动资源、集体教学活动资源、亲子活动资源等。每类资源分利用和开发两个维度，每个维度又分别从内容、与内容相关的配套资源、活动设计与实施策略方面展开研究，构建资源库。

第二，在进行方案设计时，应注意系统设计、整体解决。即要构建起既能满足幼儿学习与发展需要，又能契合当前广大教师实际专业发展需要的整体解决方案。为此，要整体建设生活、区域、游戏、集体教学、亲子等活动资源，以最大限度地支持和满足幼儿通过“直接感知、实际操作和亲身体验”获取经验的需要，最大限度地支持和满足教师专业成长的需要。

第三，在进行资源收集、遴选与研发时，首先应注意合作共建、资源共享。即采取多方合作共建模式，最大范围地汇集幼儿园、高等院校、教科研机构的人力和社会资源，共同开展资源收集、整理工作，并采用原创、改造、组合、借鉴、选用相结合的方法，全面系统地建设符合不同年龄段幼儿身心发展特点的资源，形成内容充实、形式多样、贴近实际的资源体系。其次，要把握共性、体现特色。根据《纲要》“城乡各类幼儿园都应从实际出发，因地制宜地实施素质教育”的要求，在建设具有普适性特点的资源的同时，应兼顾不同区域和不同等级、类别园所的需要，充分考虑幼儿的个体差异，体现共性和个性的结合、普适和特色的统一。再次，要注意网络互动、共同参与。即开发网络平台，为幼儿园提供检索、查询、下载、咨询以及业务指导、人员培训等服务。教师可通过网络便捷地找到所需要的资源，并通过讨论、交流、展示等活动，不断丰富资源。

第四，在进行推广应用时，应注意推荐使用、实践检验。即将建设的资源推荐给城乡各级、各类幼儿园使用，在实践中检验资源的科学性、适宜性。

第五，在进行评价反馈时，应注意调整完善、持续改进。即根据实践检验情况，采用行动研究法，不断修改、完善、丰富幼儿园教育活动资源体系。

四、结语

“幼儿园教育活动资源建设”课题组历经近十年的预研究和三年的开题研究，汇集学前教育行政、教研和一线幼儿园的各类优秀教育活动资源，形成了《幼儿园教育活动资源建设研究丛书》。本丛书以全面贯彻落实《3—6 岁儿童学习与发展指南》精神、服务于幼儿园各类教育活动的实施为宗旨，内容涵盖幼儿园各领域集体教学活动、各类游戏活动、各类区域活动、各类生活活动、各类亲子活动以及班级管理活动及其相应资源，共计 12 册。丛书编著的具体分工如下：

湖南省教育科学研究院基础教育研究所学前与特殊教育研究室副主任、特级教师周丛笑担任丛书主编，负责确定 12 册的编写思路，拟定 12 册的目录、提纲及编写体例，进行 12 册书稿的统稿与修改，并撰写丛书前言《幼儿园教育活动资源建设的理论构想》；湖南省株洲市芦淞区芦淞教育幼稚园园长肖瑛、湖南省株洲市教育科学研究院幼教教研员邓艳共同担任《直击〈指南〉幼儿园游戏活动》的编著工作；湖南省长沙市芙蓉区教育局德政园幼儿园园长罗霞担任《直击〈指南〉幼儿园区域活动》的编著工作；湖南省怀化市新晃县幼儿园园长、特级教师李奕担任《直击〈指南〉幼儿园生活活动》的编著工作；湖南省军区幼儿园书记杨燕、湖南省湘潭市教育科学研究院幼教教研员陈丹共同担任《直击〈指南〉幼儿园亲子活动》的编著工作；湖南省人民政府直属机关第三幼儿院院长刘娟担任《直击〈指南〉幼儿园健康教学活动》的编著工作；湖南大学幼儿园园长、特级教师肖晓

敏担任《直击〈指南〉幼儿园语言教学活动》的编著工作；湖南省长沙市岳麓幼儿教育集团第一幼儿园园长杨立群担任《直击〈指南〉幼儿园社会教学活动》的编著工作；湖南省长沙市人民政府机关第三幼儿园园长陈浩军担任《直击〈指南〉幼儿园科学教学活动》的编著工作；湖南省长沙市雨花区教育局第一幼儿园园长、特级教师邓益云担任《直击〈指南〉幼儿园数学教学活动》的编著工作；湖南省人民政府直属机关第一幼儿院院长罗红辉担任《直击〈指南〉幼儿园音乐教学活动》的编著工作；湖南省长沙市岳麓幼儿教育集团第二幼儿园园长向松梅担任《直击〈指南〉幼儿园美术教学活动》的编著工作；湖南省长沙市岳麓幼儿教育集团第八幼儿园园长彭青青担任《直击〈指南〉幼儿园班级管理》的编著工作。

和其他课程资源一样，本丛书涉及的幼儿园教育活动资源建设基本属于“预设”，不可能包括全部内容，也不可能适应所有园所、班级、教师、幼儿。同时，幼儿教育的对象是千变万化的，幼儿园教育活动的过程也是千变万化的，再好的预设也不可能预见教育过程中可能出现的所有情况。苏霍姆林斯基曾言：教育的技巧并不在于能预见教学的所有细节，而在于能根据当时的具体情况，巧妙地作出相应的变动。教师只有把关注的焦点真正放在幼儿身上，思考幼儿在做什么、需要什么，在教育过程中放手让幼儿活动，才能真正彰显幼儿的主体性。因此，在资源建设及教育活动过程中，教师要灵活应变，以更好地适应实际的教育活动需要。为了驾驭好这一过程，教师的教学基本功、教育机智、知识结构等都要进一步加强或改善。

周丛笑

2017 年 8 月

目录

导 论

幼儿园生活活动概述

生活是指人为了生存和发展而进行的各种活动，包含人的日常活动和所有经历。生活活动是指一个人为了独立生活而必须要掌握的、每天进行的必要活动。幼儿园的生活活动，从广义上来说，是“幼儿在幼儿园一天的全部经历，是幼儿生命充实与展现的历程”，是“个体在参与、体验与创造中，利用环境自我更新的历程”；从狭义上来说，是每天都要进行的常规活动，包括入园、盥洗、进餐、饮水、如厕、午睡、吃点心、离园等。开展生活活动，既有利于帮助幼儿建立科学的生活常规，养成良好的生活习惯，又有利于提升幼儿的生活自理能力，还有利于提高幼儿的自我保护意识和生存能力。美国教育家杜威主张教育即生长，教育即生活，教育必须循序渐进地实现儿童在生活中存在的各种发展的可能性，从而使儿童更适应将来的要求。

一、幼儿园生活活动的界定

幼儿园的生活活动是指满足幼儿基本生理需要、帮助其养成良好的生活和卫生习惯、提高其生活自理能力的活动，主要包括入园、盥洗、进餐、饮水、如厕、午睡、吃点心、离园等，是幼儿园一日活动的重要组成部分，贯穿在一日生活始终。

值得特别注意的是，“一日生活”与“生活活动”的区别。两者是包含与被包含、整体与部分的关系。但无论是在理论还是实践中，一直存在将“一日生活”与“生活活动”等同、将两者概念混淆的现象。殊不知，幼儿园的一日生活是指从幼儿来园到离园的整个过程中所有类型的活动，包括了专门的集体教学活动、室内外游戏活动、生活活动等。而幼儿园生活活动专指幼儿在园生活环节的活动，如饮水、如厕等，它更生活化，且项目繁琐，具体细致。

二、幼儿园生活活动的特点

幼儿园生活活动是幼儿身体健康发展的前提和保障，是幼儿良好的生活习惯和个性形成的基础，是幼儿学会生存与学会学习的起点。它具有以下四个特点：

(一) 基础性

吃、喝、拉、撒、睡等尽含于生活活动之中。这些环节的内容蕴含着维持幼儿生存的最基本、最强烈的生理需求。如果这些需求得不到满足，幼儿的生存就会出现问题。

(二) 独特性

每一个生活环节的内容都是构成幼儿生活的基本要素之一，而每一个要素在幼儿的生命成长中都有着独特的、无可替代的教育功能，比如洗手的功能不能代替吃饭的功能，睡觉的功能不能代替饮水的功能等。

(三) 真实性

生活活动的场景都是真实的生活场景，幼儿在这些场景中的所思、所学、所做都是真实的。正是这些真实的收获在源源不断地助推着幼儿的成长和发展，是幼儿生命成长最强大的动力。

(四) 多发性

这一特点具体体现在两个方面。一是时间长。一般情况下，幼儿在园一天的时间总和约为 8—9 小时，生活环节的时间总和约为 5—6 小时。也就是说，生活环节在幼儿园一日活动中占据了 60%以上的时间。二是频率高。这些活动每天都在重复进行，有些活动如吃饭、喝水、洗手等，一天当中还要重复多次。

三、幼儿园生活活动的意义

(一) 幼儿园生活活动对幼儿发展的意义

1. 有利于促进幼儿的生长发育

生活活动能促进幼儿身体正常生长发育，使其具有健康体魄，这一点不言而喻。教师在每一个生活环节精心地照顾幼儿，及时满足他们正常的生理、心理需要，能使其身体健康、精神愉快。尤其幼儿身体各个器官的生理机能尚未发育成熟，对各种自然环境和社会环境的适应能力差，对疾病的抵抗能力和对压力的承受能力较弱。幼儿园生活活动保证了幼儿生活有合理的节奏，能使神经系统得到有益的调节，促进身体健康。另一方面，生活活动又能使幼儿积极愉快地参加

各种活动，促进幼儿情绪的正常发展，促进幼儿心理健康，比如通过独立吃饭和穿衣、收拾书包等活动来培养幼儿自己动手做事、克服困难的能力，增强他们的自信心、成就感，使他们获得心理上的满足，从而保持愉悦的情绪。

2. 有利于使幼儿获得安全感

对于幼儿来说，安全感的获得首先来自一个让他觉得安全并且信任的集体环境。建立一个这样的环境，就必须将幼儿园生活活动细致化，将生活规则、习惯与自我保护教育紧密结合起来。每天入园和睡前，教师要仔细检查，以防幼儿因为贪玩带异物入园甚至入睡而导致意外发生。这样的检查会让幼儿意识到小物体的危险性。盥洗活动时，教师要先引导幼儿说一说在盥洗时应该怎么做、不应该怎么做，然后组织幼儿分批进入盥洗室，避免因为拥挤、碰撞而产生摩擦和意外伤害。进餐活动时，教师要针对幼儿的不良饮食习惯，有意识地组织讨论或开展主题活动，帮助幼儿养成良好的饮食习惯，形成正确的营养观念，多方面提高幼儿的自我保护意识和能力，从而让幼儿产生安全感，而安全感是幼儿心理健康的重要前提。

3. 有利于培养幼儿良好的生活习惯和生活自理能力

《纲要》明确指出要培养幼儿基本的生活自理能力。生活自理能力是指幼儿在日常生活中照料自己生活的自我服务性劳动能力。它是一个人应具备的最基本的生活技能，包括自己穿脱衣服和鞋袜、收拾整理衣服、独立进餐、自己洗脸等。开展幼儿园生活活动能促进幼儿形成及提高生活自理能力，有助于培养幼儿的责任感、自信心以及自己处理问题的能力，对幼儿今后的生活会产生深远的影响。如进餐活动中，教师鼓励幼儿自己吃饭、自己收拾餐具；午睡环节，教师鼓励幼儿自己脱衣裤鞋袜并将其折叠摆放整齐等。幼儿通过自主参与这些生活活动，学习必备的生活技能，并逐步内化，从而提高生活自理能力，形成良好的生活习惯，同时迁移到其他日常活动中，为其终身发展奠定良好基础。

4. 有利于培养幼儿的自律能力

自律是道德意识和道德评价发展的成熟阶段；是人根据自己的意志，为了实现自己的想法、计划而进行自我约束的行为；是一种自主的自我控制能力。自律作为意志力的体现，与认知、情感一起作用于人的行为，随着幼儿自律能力的发展，幼儿的社会适应性也会不断提高。教师可以通过生活活动引导幼儿运用合理的社会规则来解决日常生活中遇到的冲突，逐步自觉地通过社会规则来控制自己的行为，提高自律能力。比如入园、盥洗、午餐环节，幼儿需要控制自我欲望，做到人多时有序排队，不强抢别人的玩具，不在盥洗室打闹，进餐时知道轻声不影响别人，不伤害别人等。可见，幼儿的自律能力是可以通过幼儿园生活活动来逐渐培养的。

(二) 幼儿园生活活动对教师工作的意义

1. 改变教育策略，提高保教质量

对教师而言，生活活动是教师基于对幼儿年龄特点与基本需求的了解而组织的能反映一定教育价值的活动。教师改变教育策略，通过环境创设、活动内容与形式的建议、幼儿间的影响来渗透自己主导的作用。与过去那种“固定式”的计划活动不同，它需要教师时刻“追随幼儿”，通过观察幼儿活动过程，了解活动结果，调整活动方案，使生活活动内容更好地定位在幼儿的“最近发展区”上，进而更有效地去推动幼儿的自主学习和经验提升。

2. 促进反思，有利于教师的专业成长

由于生活活动是一种独特性、多发性的教育活动形式，因此，生活活动中，教师所面对的是多个幼儿的不同需求。生活活动过程中，教师可从幼儿的发展需要和利益出发，努力改善自己的教育行为，提高自己的教育能力，从幼儿学习的教导者变为幼儿学习的引导者，充分发掘幼儿学习的潜能。在这样有限的时空环境中、在非一统的积极的师幼互动中，教师就需要不断反思和自主思考以提升专业能力，从而推动自己专业的成长。

(三) 幼儿园生活活动对幼儿园的意义

1. 是幼儿园保教工作的基石

我国的幼儿园活动围绕着促进幼儿身体、认知、情感、个性和社会性诸方面发展这个中心，将健康、语言、社会、科学、艺术等领域的内容综合体现于教育活动的实施之中。与集体教育活动相比，生活活动来源于幼儿真实的生活世界，贯穿于一日生活始终，是幼儿园保教活动、保教工作必不可少的一部分。生活活动可以生成各类主题教育活动，可以渗透健康、语言、科学、社会、艺术等各领域的教育内容，可以为其他教育活动起到补充和平衡的作用。因此，可以毫不夸张地说，生活活动是幼儿园保教工作的基石，幼儿可以在真实的生活情境中、在解决实际问题的过程中掌握生活技能，学习健康生活、文明生活、有序生活，同时拓展认知经验。

2. 丰富了幼儿园的课程体系

《指南》中明确指出：“幼儿的学习是以直接经验为基础，在游戏和日常生活

中进行的。要珍视游戏和生活的独特价值，创设丰富的教育环境，合理安排一日生活，最大程度地支持和满足幼儿通过直接感知、实际操作和亲身体验获取经验的需要。”这一实施原则说明，生活活动中隐藏着许多教育契机。教师只要在生活中多关注幼儿、观察幼儿、倾听幼儿，就不难发掘幼儿在生活活动中的话题与兴趣。如有教师观察发现，部分幼儿在进餐中挑食严重，甚至只吃一种食物，为了让幼儿均衡饮食，教师设计了“今天吃什么”“蔬菜有营养”等教育活动，从而丰富了幼儿园的课程体系。

四、幼儿园生活活动的指导原则

幼儿园生活活动的指导原则是教师组织生活活动时所必须遵循的基本要求，是有效开展生活活动的关键。

（一）主体性原则

幼儿园生活活动的主体性原则是指在幼儿园生活活动中，教师要正确认识幼儿的主体地位，引导幼儿充分发挥他们的主体性，激发他们的兴趣，提高他们的积极性；指导过程要以幼儿自主活动为主，使幼儿在自身的体验活动中习得良好的行为，逐渐形成习惯。

幼儿园的生活活动作为一日活动中的重要内容，受传统教育方式的影响非常大。我国的教育基本上是以行为主义为主导，这导致教师在计划和组织生活活动时，更多地从管理的角度而不是从教育导向的角度来思考，也就是说，教师考量的是规范幼儿的现有行为表现这个短期目标，而不是促进幼儿实现自我服务、自行自律这个长期目标；教师关注的是幼儿在生活中是否遵循规则，而不是有意识地提升幼儿的行为习惯和意识。长此以往，幼儿习惯于从外部获得生活经验被动地养成行为习惯，削弱了他们自主思考、自主学习、自我控制的动力。这种生活活动指导不利于幼儿内化生活经验并养成真正良好的行为习惯，不利于幼儿形成能使其受益终身的生活能力和文明的生活方式。

有些教师因为没有树立正确的儿童观，认为幼儿幼稚无知，只能服从师长，把生活活动看成是成人对幼儿的一种要求，组织生活活动时实施的是“权威性”和“包办性”的操作。这样，教师就成了生活活动的供应者、支配者、执行者，而幼儿就成了生活活动的对象。比如，在生活活动中，经常会有教师对幼儿说“不能打湿衣袖”“不能挑食”“不能乱扔玩具”等语言，使用大量的“不行”“不要”“不许”“不能”等限制幼儿行为的话语，说明在教师的心目中，生活活动的目的是限制幼儿的不良行为，生活活动就是“教”“管”。殊不知，将生活活动视为限制，不仅让本来对幼儿生活习惯具有指引作用的活动失去了价值，而且使幼儿因生活活动缺乏目标感而感到无所适从，甚至引起幼儿的反感和挫败感。

在幼儿生活活动的指导中应贯彻主体性原则，这要求教师树立正确的儿童观，以尊重幼儿的自主性为前提，即教师引导幼儿自己管理自己，使幼儿较少依赖他人，或受他人的规定或指示影响，学会科学地生活，养成良好的饮食、睡眠、盥洗、排泄等生活习惯，提高生活自理能力。良好的生活习惯、较强的生活自理能力与自律意识的形成是建立在幼儿的主体经验的基础之上的，而幼儿的主体经验是帮助幼儿形成使其终身受益的生活能力和文明的生活方式的关键。

（二）平等性原则

幼儿生活活动的平等性原则是指，在生活活动的指导过程中，教师使自己处于与幼儿平等的地位，尊重幼儿的人格，努力与幼儿建立友好和信赖的关系，使幼儿意识到双方在人格、权利上是平等的。贯彻平等性原则要注意以下三点：

1. 信任幼儿

教师要相信每个幼儿都有独特的价值，相信他们的可塑性。教师与幼儿之间建立的良好信任关系可使幼儿增强自信，这有助于幼儿接受规则，更好地用规则来调控自己的行为，进而养成良好的行为习惯。这一点对某些规则意识不强的幼儿来说，特别有用。如有的幼儿由于好奇好动，可能会破坏生活活动规则，甚至扰乱正常活动秩序。如果在活动开始前，教师通过暗示或单独明示的方式给予他“我相信你会做得很好”这样的信息，幼儿在接收到教师非常信任他的信息后，会加强自己的自控行为，从而遵守规则。

2. 平等地对待幼儿

现代教育思想认为，友好和睦的教育气氛是做好教育、教学工作的首要条件。生活活动只有在愉快、活泼、积极向上的气氛中才能有效地开展。教师必须牢记教师和幼儿虽然角色不同但人格是平等的这一基本原则，在生活活动中，应尽量避免使用命令、训斥的方式对待幼儿，更不能采取强制手段去逼迫幼儿学习生活技能，而应该给幼儿以尊重，充分激发幼儿自身的潜能和人格价值。应该说，井然有序的生活是生活活动所期望达到的目的，但这一目的的实现必须建立在幼儿能够自觉、自愿地控制自己行为的基础上。

3. 尊重幼儿的个体差异

由于每个幼儿的个性和生活经验不同，同样的生活活动在每个幼儿身上产生

的效果也是不一样的。教师强制执行不符合幼儿个性特点的规则，片面追求“整齐划一”的效果，显然是不切实际并且适得其反的。从尊重幼儿个性特点的角度来讲，生活活动应该考虑不同幼儿的特点。如午睡环节中，大多数幼儿都能顺利入睡，但是有个别幼儿平常没有午睡的习惯，或因为情绪等问题一时睡不着。在这种情况下，教师不必用“必须安静午睡”这条规则来统一要求幼儿，因为他们的个体行为并没有干扰他人和班集体。教师应该尊重个体差异，在暂时无法改变其生活习惯的情况下，允许毫无睡意的幼儿不午睡，或采用其他方法帮助他们入睡。幼儿的家庭生活背景、先天素质、健康等状况不同，每个人都会有不同的生活方式、学习方式、行为方式，并在发展中显示出鲜明的个性和独特的发展进程，由此形成个体的特殊需求，这些需求对幼儿而言是合适而又非常重要的。因此，用同一条规则去要求不同的幼儿时，也应考虑他们的年龄差异、性别差异和性格差异。

（三）随机性原则

幼儿的发展应该是全面的发展，要促进幼儿全面、健康、和谐的发展，就应重视和发挥各种教育手段和方法在幼儿教育中的交互与渗透作用，因此，在幼儿园一日活动的教育过程中，教师既要重视对幼儿进行有计划的系统教育，也不应忽视对幼儿的随机教育。所谓随机教育，就是指在教师教育计划之外的、随客观发生的教育情景而临时组织进行的教育。幼儿的思维具有具体形象的特点，随机教育正是根据这一特点而临时组织进行的教育。随机教育所抓住的事例往往具有情景性、直观性的特点，容易被幼儿所理解和接受。而教师对随机教育也是一个由不认识到认识的过程，在一日活动的教育过程中，需要不断地进行随机教育的探索与实践。

幼儿园应树立一日生活皆教育的思想，认识到时时处处都有教育，将生活的过程作为教育的过程，充分利用生活活动中的偶发事件进行随机教育。

（四）适宜性原则

幼儿园的生活活动必须考虑幼儿身心发展的特点，科学地组织，这对幼儿养成良好的生活习惯具有重要意义。幼儿年龄越小，可塑性越大。因此，从幼儿入园起就应加强对幼儿生活习惯的培养，使他们生活有规律，保证幼儿学习时精力集中，进餐时食欲旺盛，游戏时精力充沛，午睡时能按时入睡，以提高一日生活的效率。幼儿的疲劳容易产生，也易消除。为避免疲劳，应保证幼儿足够的休息和睡眠。由于幼儿的年龄不同，活动不同，消除疲劳的休息时间也不同。幼儿年龄越小，需要的睡眠时间越长，因此幼儿园每天中午应安排 2—2.5 小时的睡眠时间，允许睡眠时间短的幼儿晚一点午睡。

另外，在环境的创设上，也应贴近幼儿实际生活的需求，力求方便幼儿取放，降低幼儿参与活动的难度，如盥洗室水龙头的高度、毛巾和杯子的位置等应方便不同年龄段幼儿使用，餐桶高度应方便幼儿自己动手添饭等。

（五）渐进性原则

渐进性原则是指要按照规则本身的逻辑系统和幼儿认知发展的顺序开展生活活动，使幼儿从点滴开始，周而复始、循序渐进地习得各种与幼儿年龄阶段要求相符合的生活能力。幼儿的生活能力培养要从幼儿的年龄特点出发，分阶段、分层次地进行。每一项能力要由易到难，由简单到复杂地进行锻炼，让幼儿从分步学习逐步过渡到能够综合独立完成。教师要尽最大努力创造条件，为幼儿提供巩固生活能力的机会，无论在教育态度还是在教育方式方法上，都要有足够的耐心，千万不要抱有“教你做、等你做太烦、太慢，不如自己做来得快、省事”的想法，因为能力培养的主体是幼儿，幼儿只有在主动认知、不断体验的基础上才能将所学内化为一种自主行为。

渐进性原则要求教师不能只追求即时效果，而要根据幼儿的身心发展水平递增要求的难度。比如培养幼儿穿脱、折叠衣服，在小班上学期对幼儿的基本要求是，认识自己的衣服和正反面，会脱衣服，知道把衣服放在固定地方；而到小班下学期，基本要求可以是，在教师帮助下会自己穿衣服、扣纽扣，能将衣服放整齐等。

（六）合作性原则

生活活动的合作性原则是指，在幼儿生活活动指导中家庭和幼儿园应相互配合，保持教育的一致性，形成教育合力，为幼儿生活技能习得提供多种支持，同时也能保证幼儿在生活习惯养成过程中的行为一致性。

一方面，幼儿生活活动的合作性原则要求教师与家长相互沟通。最佳状态是双方都要主动沟通，沟通的内容主要是相互告知幼儿在园、在家的生活技能习得情况，良好生活行为习惯的养成情况等，同时，对生活活动中的问题进行“会诊”，以共同探讨教育的对策。另一方面，合作性原则要求家长和幼儿园共享教育资源。教师与家长相互提供教育资源，比如教师为家长提供有关培养幼儿生活技能和生活习惯的策略，家长为教师提供生活技能养成的一些必备条件等。

此外，家庭和幼儿园对幼儿生活活动的要求要保持一致。如果教师与家长要求不一致，甚至互相矛盾，就会使幼儿不知所措。比如在作息时间、卫生习惯等方面，家庭和幼儿园的具体要求一致，幼儿才能形成良好的行为习惯。

第一章

入园环节的组织

一年之计在于春，一日之计在于晨。入园环节是幼儿在园一日生活的开始，通常包含了晨检、晨间接待、晨间活动。理想的入园环节具体包含以下六个方面的价值追求：一是让幼儿有积极、愉悦的情绪体验，喜欢上幼儿园，并产生安全感；二是保障幼儿的身体健康，严格控制流行性疾病的传播和幼儿的发病率；三是有效地防止陌生人和不安全物品进入幼儿园；四是把晨检作为家园沟通的一个重要平台，与家长沟通交流幼儿健康等方面的问题，有效地实现家园共育；五是让幼儿做到愉快地与教师和同伴打招呼、与家人告别，接受保健医生晨检，促进幼儿社会性发展；六是培养幼儿综合的生活能力，使其能够以积极的状态参与区域活动、进行自我服务以及开展晨间锻炼等。

作为教师，要准确把握各年龄阶段幼儿身心发展的规律及认知特点，学会分析问题产生的原因，找到解决问题的策略，并通过有效的教育引导，使幼儿感受到入园的快乐、有趣、美好。对于小班的幼儿，教师首先要认真观察幼儿的入园情况，及时发现幼儿在入园环节中存在的主要问题，然后制定有效的应对策略，帮助幼儿解决入园中遇到的问题。如幼儿离开熟悉的家庭环境，来到幼儿园这个陌生的环境，容易感到恐惧和不安，产生较强的排斥情绪，教师可采用“亲子约谈周、亲子活动周、独立半日周、独立全日入园”四步走，以及“抱一抱、哄一哄、说一说、查一查、定一定”的“五个一”等策略，帮助幼儿分解焦虑，尽快熟悉环境，与教师、同伴建立依恋感，逐步排解幼儿的不良情绪，使其尽快融入集体生活。中、大班幼儿的自理能力相对小班时有了极大的提高，他们喜欢承担入园值日生的工作，但技能欠缺。教师可为幼儿提供适宜且有趣的劳动工具，并用幼儿感兴趣的方式加以引导，吸引他们积极参与，帮助他们逐步做好值日生工作。

不同年龄阶段的幼儿，在入园环节表现出的情绪和状态各不相同，教师对他们的常规要求也应不尽相同。教师要准确把握幼儿身心发展的特点与规律，为幼儿营造温馨舒适、丰富有趣的入园环境，不断吸引幼儿投入活动，让其在心理、身体及能力等方面都得到一定的发展，使入园环节真正成为幼儿一天美好生活的开始。

第一节　小班入园环节的组织

一、目标定位

1. 情绪比较稳定，愿意接受晨检；喜欢亲近教师与同伴，愿意上幼儿园。
2. 在家长和老师的鼓励下，能有礼貌地向老师和同伴问好，与家长道别。
3. 知道将自己的物品放在指定的地方，并在老师的指导下将小手洗干净。
4. 在教师的指导下进行晨间活动，并能与同伴友好相处。

二、环境创设

1. 可在晨检板上粘贴幼儿的照片、卡通图像等，便于幼儿辨认。
2. 在幼儿的物品架上粘贴幼儿的照片，便于幼儿识别自己的物品摆放的位置。
3. 播放轻松的音乐，营造温馨的入园环境。

图示参考 1：小小值日生

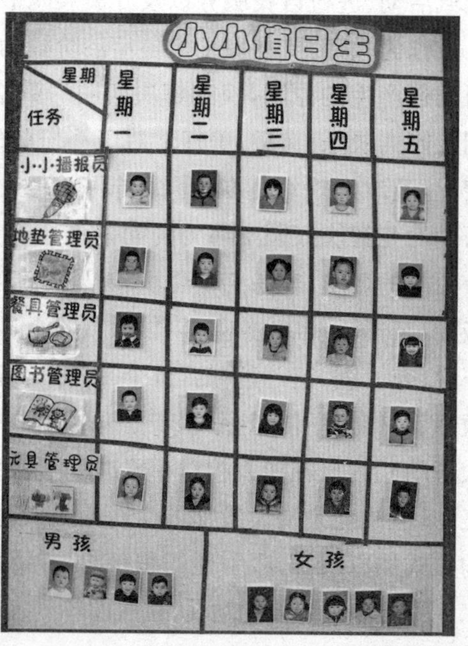

图示参考 2：快乐入园

快乐入园

情　绪			
照片			
照片			
照片			
照片			
照片			
照片			
照片			
照片			
照片			
照片			
照片			
照片			
照片			
照片			
照片			

情　绪			
照片			
照片			
照片			
照片			
照片			
照片			
照片			
照片			
照片			
照片			
照片			
照片			
照片			
照片			
照片			

（注：小班幼儿入园时容易情绪不稳定，晨检板有助于幼儿尽快稳定情绪。）

图示参考 3：晨检步骤

（1）保健医生晨检工作步骤

更换工作服→清洁、消毒晨检器械→热情迎接幼儿、家长→晨间检查→检查委托服药登记表，并核对药品→做好晨检记录→询问、记录服药幼儿情况

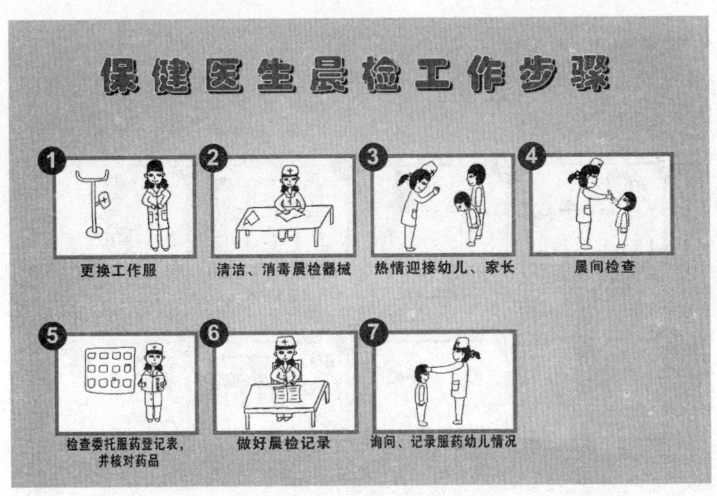

(2) 幼儿晨检步骤

在家长的提醒下排队等候→向保健医生问好→在保健医生的提醒下伸出小手→张开小嘴→如身体不适，在家长的帮助下告知保健医生→领取晨检牌→与保健医生道别→把晨检牌放入班级晨检袋

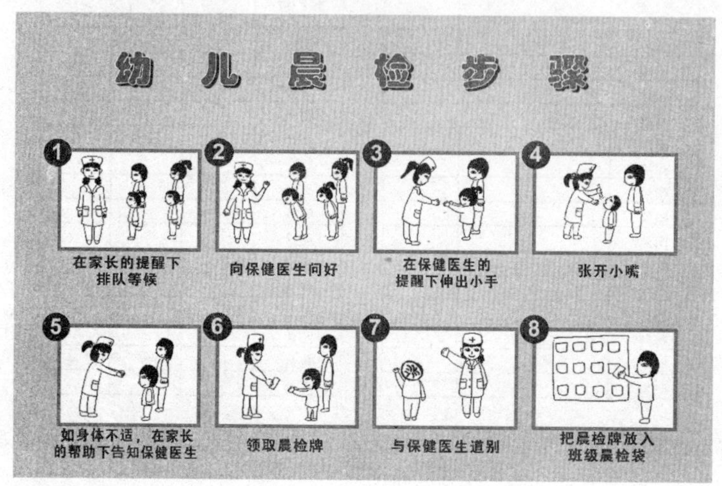

图示参考 4：晨间活动与工作步骤

(1) 幼儿晨间活动步骤

在家长的提醒下向老师问好→在教师的提醒下与家长道别→在教师的帮助下把书包放置在书包架上→轻拿轻放小椅子→完成值日生工作→与同伴一起快乐地进行晨间活动→整理器械→盥洗

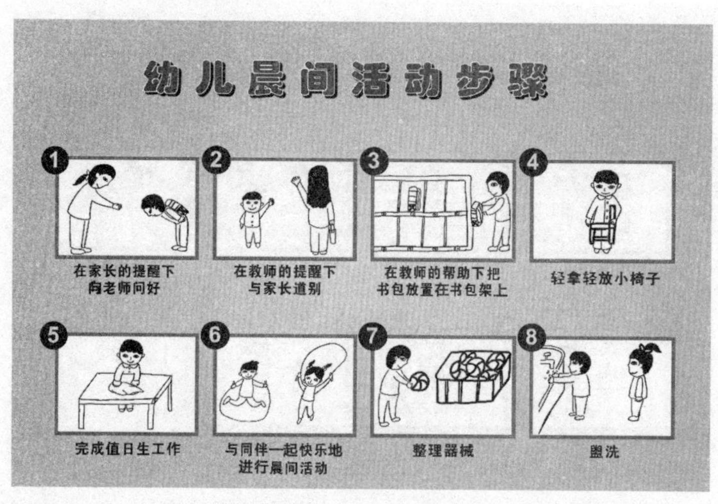

(2) 教师入园工作步骤

更换工作服→开窗通风→检查设备、玩具→清洁平面卫生→消毒口杯、毛巾→打开饮水机→热情迎接幼儿→二次晨检(观察幼儿身体、情绪和精神面貌;查看幼儿的晨检牌;检查幼儿是否携带不安全物品)→与家长进行简单交流→指导值日生工作→与搭班教师交流当天工作安排→登记幼儿出勤情况

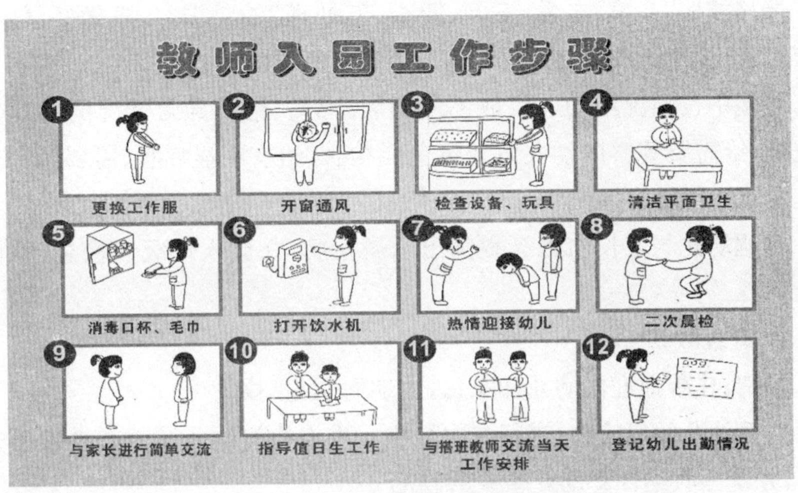

(3) 家长入园步骤

提醒孩子主动接受晨检→提醒孩子向教师问好→向教师出示晨检牌→登记孩子的服药记录→取走接送卡→与教师进行简单交流→与孩子道别

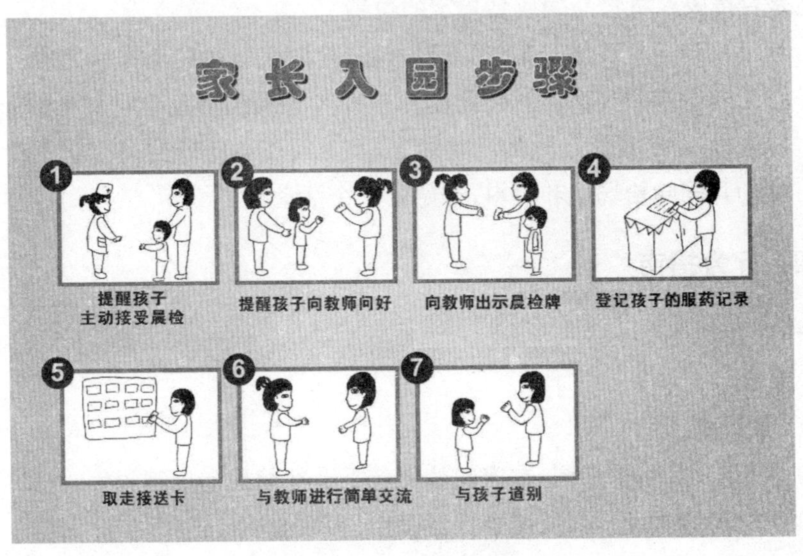

三、组织过程

(一) 保健医生

1. 提前做好晨检准备，微笑着迎接幼儿，主动向幼儿问好，减轻幼儿对晨检的畏惧情绪。

2. 严格按照“一摸、二看、三问、四查、五处理”的要求，认真做好晨间检查。认真询问家长，幼儿身体有无异常情况或者不舒服的地方。

3. 晨检中按情况给幼儿发放不同的晨检牌。给无异常情况的幼儿发放绿色晨检牌，给需要观察的幼儿发放黄色晨检牌，给有明显症状、需要用药或服药的幼儿发放红色晨检牌。

4. 提醒幼儿与家长向班级教师出示晨检牌，并放入班级晨检袋，并做好晨检记录。

(二) 班级教师

1. 热情、礼貌地迎候幼儿和家长，主动向幼儿问好。

2. 查看幼儿的晨检牌，进行二次晨检。重点检查幼儿是否有携带不安全物品来园，并统一收纳保管幼儿带来的物品。

3. 与家长进行简单交流，有针对性地了解幼儿在家的情况，记录家长交代的事宜。询问家长：“请问，您还有什么需要我们帮忙的吗?”

4. 提醒幼儿与家长道别，引导幼儿将自己带来的物品放到指定的位置。观察幼儿是否按要求将物品摆放到指定的位置。

5. 帮助值日生开展值日工作。帮助值日生明确自己的工作并完成。

6. 按计划组织晨间活动。鼓励幼儿积极参与晨间活动，帮助能力较弱的幼儿树立自信心；时刻观察幼儿的活动情况，及时纠正不良行为。

7. 师幼共同收拾场地和材料，开始下一个活动。

四、行为指南

(一) 幼儿

1. 晨检

(1) 晨检前

① 衣着整洁，愉快来园，在家长的提醒下有礼貌地向保健医生、教师问好。

② 愿意亲近教师、同伴，配合保健医生、教师的晨检工作。

③ 在家长的提醒下知道不带危险物品入园。

(2) 晨检中

① 在家长的提醒下配合保健医生和教师完成晨检活动。

② 在家长的帮助下知道将自己身体的不适告知保健医生或教师。

(3) 晨检后

① 在教师的提醒下愉快地与家长道别。

② 在教师的指导下学会将自己的物品摆放到指定位置。

③ 在教师的提醒下将晨检牌放置入班级晨检袋中。

④ 尝试参与值日生工作。

2. 晨间活动

(1) 晨间活动前

① 将个人物品摆放在指定位置。

② 参与活动材料的准备工作。

(2) 晨间活动中

① 在教师的帮助下选择自己喜欢的活动材料、器械、同伴及场地进行活动。

② 跟随教师参加晨间活动,能心情愉悦地与同伴分享活动的快乐。

③ 在教师的提醒下遵守活动规则,不随意离开教师视线范围。

④ 遇到困难能主动找教师或同伴帮忙。

(3) 晨间活动后

① 尝试帮助教师收捡活动器械。

② 在教师的指导下将小手洗干净。

③ 安静进行餐前活动。

(二) 主班教师

1. 晨检

(1) 晨检前

① 做好晨间接待准备工作,如准备好爱心小便条、接送卡等。

② 检查班级各种材料和环境的安全情况,排除安全隐患。

(2) 晨检中

① 热情、亲切地迎接幼儿、家长,稳定幼儿情绪,安抚个别情绪不稳定的幼儿。

② 通过查看晨检牌关注幼儿身体状况,第一时间掌握班级幼儿的总体情况。

③ 认真做好二次晨检:一摸(摸额头,检查幼儿是否发热);二看(看幼儿精

神状态)；三问(问幼儿身体有无不适)；四查(检查幼儿是否携带不安全物品)，并做好记录。

④ 与家长进行简单的交流，了解幼儿的情况，记录家长的特殊需求，并及时让班级其他教师知晓。

⑤ 提醒家长取走接送卡。

(3) 晨检后

① 及时登记幼儿的晨检及出勤情况，并与班级其他教师进行交接。

② 关注个别特殊幼儿的活动后护理(夏天换衣服，冬天隔汗巾等)。

③ 组织幼儿有序进入活动室。

2. 晨间活动

(1) 晨间活动前

① 做好计划，合理安排活动场地，检查活动器械和材料的安全性，并提前放置好。

② 提醒幼儿自主选择活动器械进行活动。

(2) 晨间活动中

① 观察并指导幼儿活动，适时帮助幼儿解决活动中的问题。

② 在室外活动中，帮助幼儿学会遵守活动规则，适时调整幼儿的活动量。

③ 在自选活动如阅读、桌面玩具活动、区域活动中，教师应参与幼儿的活动，并适时给予引导。

(3) 晨间活动后

① 关注个别特殊幼儿活动后的护理。

② 帮助幼儿做好晨间活动场地及器材的整理、清洁工作。

(三) 协教或保育教师

1. 晨检

(1) 晨检前

① 开窗通风，保持空气流通，做好活动室、寝室、盥洗室的卫生清洁及口杯、毛巾的消毒工作。

② 面向幼儿和家长，主动向幼儿问好。

③ 做好温度和光线的调节，保持室内适宜的温度和光线(冬天 18℃—20℃，夏天 24℃—26℃)。

(2) 晨检中

① 在活动室热情迎接稍晚入园的幼儿。

② 帮助幼儿辨析自己的标识并摆放物品。

③ 随时关注其他正在活动的幼儿，处理突发情况。

(3) 晨检后

① 及时与保健医生沟通幼儿的精神状态、身体状况的普遍情况与个别异常情况。

② 做好晨检各项记录的收捡工作。

③ 指导值日生进行值日工作，如给花浇水、整理图书等。

2. 晨间活动

(1) 晨间活动前

① 检查器械或材料、场地的安全。

② 耐心倾听每一名幼儿的表达，灵活利用幼儿陆续进园的时机进行个别指导，采用拥抱、蹲下来和幼儿说话等多种方式安抚并疏导幼儿的不良情绪。

(2) 晨间活动中

① 根据天气情况和幼儿体质帮助幼儿增、减衣服。

② 关注幼儿活动情况，引导幼儿遵守晨间活动规则，积极回应幼儿的个别需求。

(3) 晨间活动后

组织幼儿收捡活动器械和玩具，引导幼儿安全返回教室，有序地进行盥洗。

(四) 保健医生

晨检

(1) 晨检前

① 提前 10 分钟到岗，换好工作服，戴好口罩。

② 用消毒水和清水将晨检台、晨检器械擦拭干净。

③ 热情迎接每一名幼儿。

(2) 晨检中

① 认真做好晨检：一摸(摸额头，检查幼儿是否发热)；二看(看幼儿咽部有无红肿现象)；三问(问幼儿身体有无不适)；四查(检查幼儿皮肤有无异常)；五处理(发现异常，建议家长带幼儿到医院就诊)，并做好记录。

② 根据晨检情况给幼儿发放不同颜色的晨检牌。对患有传染病或传染病未痊愈的幼儿，应要求其回家继续休养至痊愈方可入园。

③ 发现幼儿携带危险物品或不宜幼儿食用的食品如口香糖、瓜子、珠子、小刀等时，将其交由家长带回，或交由班级教师保管待离园时让幼儿带回。

④ 指导家长认真填写委托服药登记表中的每一项，特别是家长签名一栏。

⑤ 做好有关药品的交接、登记和存放工作，认真检查药品有无过期。告诉家长，首次药物喂服不能在幼儿园进行，以防出现药物的过敏现象。幼儿园一律不接受也不给幼儿喂服保健药品和家中熬制的汤药。

(3) 晨检后

① 检查平面卫生及班级物品摆放情况。

② 及时给有需要的幼儿喂药，提醒班级教师多关注服药幼儿及体弱多病的幼儿。

③ 对个别体质特殊的幼儿进行跟踪观察，并做好记录。

(五) 家长

晨检

(1) 晨检前

① 提醒幼儿按时起床，指导幼儿正确洗漱。

② 营造宽松、愉悦的入园氛围，让幼儿高兴地入园。

(2) 晨检中

① 主动引导幼儿接受保健医生的晨间检查，领取晨检牌。

② 认真登记幼儿的服药情况(药量、次数等)，并签名。

③ 如实告知保健医生幼儿的情况，特别是有特殊情况时(如幼儿身体不适、精神不佳等)。

(3) 晨检后

① 主动向班级教师出示晨检牌，并说明情况。

② 与班级教师简单交流幼儿在家的情况。

③ 取走接送卡，并有礼貌地与教师道别。

五、幼儿常见问题与解决策略

幼儿常见问题	解 决 策 略
过分依恋家长，刚离开家长就拽着老师的手不停地哭闹	1. 设计环节满足幼儿的需求。教师可以通过设计情节来满足幼儿的需求，减轻幼儿对家人的心理依恋。如教师可让幼儿推着小娃娃车围着幼儿园的走廊去找妈妈，从侧面满足幼儿的需求，转移幼儿的注意力。

（续表）

幼儿常见问题	解决策略
过分依恋家长，刚离开家长就拽着老师的手不停地哭闹	2. 采用延迟满足法。教师可以告诉幼儿，如果当天他不再吵着要妈妈，就可以得到额外的奖励——允许妈妈早一点来接幼儿。通过这种方法，逐步改善幼儿缠人的情况。 3. 创设吸引幼儿的环境。教师可以通过创设有趣、温馨的班级环境来吸引幼儿，通过提供各种区域活动和玩具，使幼儿逐渐对班级产生归属感，从而改善缠人的情况。在这个过程中，教师要给予一定的关注和引导，让幼儿对班级新环境产生兴趣。
对自己的玩具、用品等过分依恋，带到幼儿园来后，无论怎样劝说都不肯放下	1. 善意“哄骗”。教师可以采取策略，善意地“哄骗”幼儿暂时与依恋物分离。 2. 转移注意力。教师可以通过有趣的玩具、丰富的游戏来吸引和感染幼儿，转移他们的注意力，而降低他们对依恋物的依恋程度。 3. 采用榜样学习法。教师可以通过模拟情景，引导幼儿学习或模仿同伴良好的行为。
不愿意和同伴一起参加晨间活动	1. 在活动中，教师要以积极的态度，鼓舞、引导幼儿，这样才能激发幼儿参与晨间锻炼的兴趣。 2. 教师要在活动过程中创设有趣的活动情景，激发幼儿参与活动的兴趣。 3. 教师和幼儿一起扮演角色，有时当兔妈妈，有时当老鹰，和幼儿一起跳，一起爬，一起钻，一起唱，充分发挥幼儿的主动性及教师的主导作用。 4. 活动材料要多样化，色彩要鲜艳，让幼儿乐于参与。

第二节　中班入园环节的组织

一、目标定位

1. 情绪愉悦，主动接受晨检，喜欢同伴和教师，并能按时入园。
2. 能与教师、保健医生和同伴主动问好，与家长道别。
3. 能自己放书包、摆放物品，如将衣服、围巾、帽子、手套放在指定的地方。
4. 乐意参加晨间活动，并在活动中遵守规则，不随意离开教师指定的活动范围。

二、环境创设

班级教师可以根据幼儿的年龄特点和教室整体环境，引导幼儿一起设计、制作入园环节步骤图。教师可以和幼儿一起画画制作。

图示参考 1：晨检步骤

(1) 保健医生晨检工作步骤(见小班保健医生晨检工作步骤及图示参考)

(2) 幼儿晨检步骤

排队等候→向保健医生问好→伸出小手→张开小嘴→如身体不适,及时告知保健医生→领取晨检牌→与保健医生道别→将晨检牌放入班级晨检袋,并在家长的帮助下记录自己的入园时间

① 排队等候

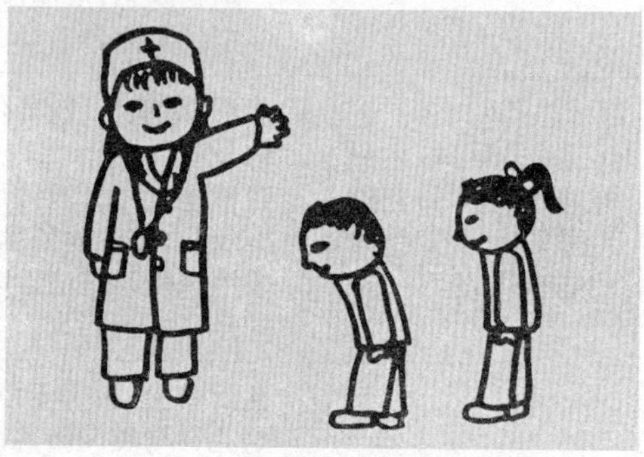

② 向保健医生问好

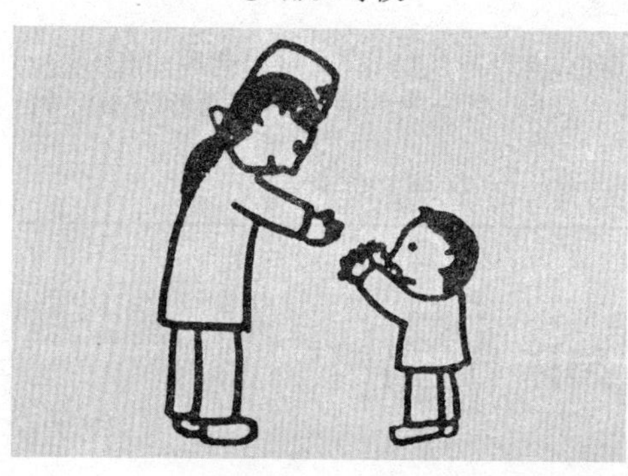

③ 伸出小手

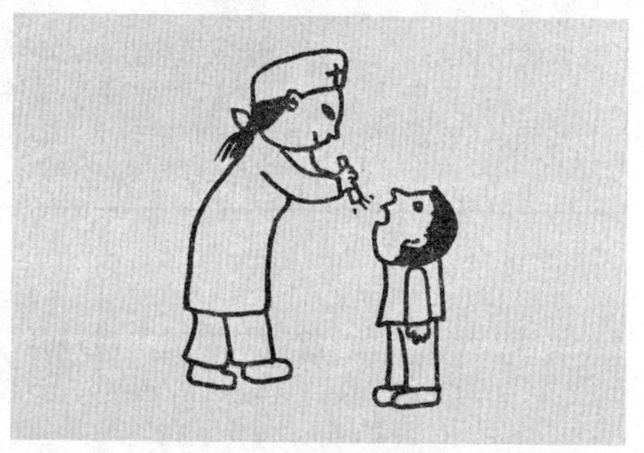

④ 张开小嘴

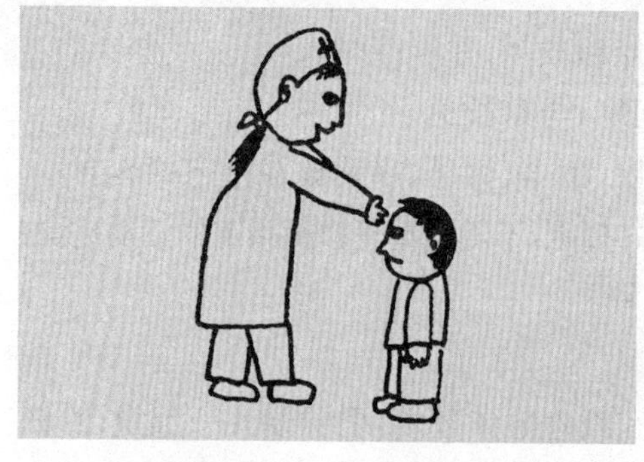

⑤ 如身体不适,及时告知保健医生

⑥ 领取晨检牌

⑦ 与保健医生道别

⑧ 将晨检牌放入班级晨检袋,并在家长的帮助下记录自己的入园时间

入园时间记录表见下图:

今天你按时入园了吗?

时间	7:41-7:50	7:51-8:00	8:01-8:10	8:11-8:20
入园记录	贴照片	贴照片	贴照片	贴照片

图示参考 2:晨间活动与工作步骤

(1) 幼儿晨间活动步骤

有礼貌地向老师问好→与家长道别→把书包放置在书包架上→轻拿轻放小椅子→完成值日生工作→与同伴一起快乐地进行晨间活动→整理器械→盥洗

① 有礼貌地向老师问好

② 与家长道别

③ 把书包放置在书包架上

④ 轻拿轻放小椅子

⑤ 完成值日生工作

⑥ 与同伴一起快乐地进行晨间活动

⑦ 整理器械

⑧ 盥洗

(2) 教师入园工作步骤(见小班教师入园工作步骤及图示参考,注意中班幼儿的年龄特征)

(3) 家长入园步骤(见小班家长入园步骤及图示参考,注意中班幼儿的年龄特征)

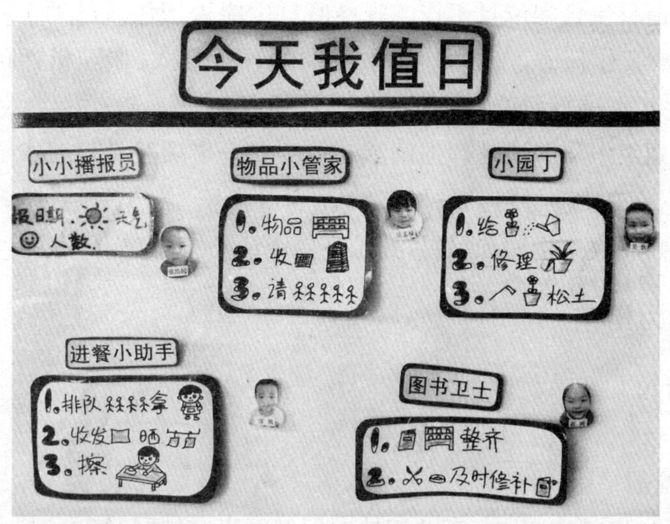

三、组织过程

（一）保健医生

1. 提前做好晨检准备，微笑着迎接幼儿，主动向幼儿问好，减轻幼儿对晨检的为难或畏惧情绪。

2. 严格按照“一摸、二看、三问、四查、五处理”的要求，认真做好晨间检查。认真询问家长或者幼儿自己，身体有无异常情况或者不舒服的地方。

3. 晨检中按情况给幼儿发放不同的晨检牌。给无异常情况的幼儿发放绿色晨检牌，给需要观察的幼儿发放黄色晨检牌，给有明显症状、需要用药或服药的幼儿发放红色晨检牌。

4. 提醒幼儿与家长向班级教师出示晨检牌，并做好晨检记录。

（二）班级教师

1. 热情、礼貌地迎接幼儿和家长，主动向幼儿问好。

2. 查看幼儿的晨检牌，进行二次晨检。重点检查幼儿是否携带不安全物品来园，统一收纳保管幼儿带来的物品。

3. 与家长进行简单交流，有针对性地了解幼儿在家的情况，记录家长交代的事宜。询问家长：“请问，您还有什么需要我们帮忙的吗？”

4. 提醒幼儿将自己必带的物品放到指定的位置。观察幼儿是否按要求将物品摆放整齐。

5. 提醒值日生开展值日工作。观察值日生能否记住自己的工作和要求,能否较好地完成工作任务。教师应采取不同的评价方式,如随机评价、集体评价等,对值日生工作进行评价。

6. 按计划组织晨间活动。强调活动中的安全事项及礼仪要求,提醒幼儿遵守游戏规则,爱护活动材料。

7. 师幼共同收拾场地和材料,开始下一个活动。

四、行为指南

(一) 幼儿

1. 晨检

(1) 晨检前

① 衣着整洁,愉快来园,有礼貌地向保健医生、教师问好。

② 喜欢亲近教师、同伴,愿意接受保健医生、教师的晨检。

③ 知道不带危险品来园。

(2) 晨检中

① 配合保健医生和教师完成晨检活动。

② 能将身体的不适告诉保健医生或者教师。

(3) 晨检后

① 愉快、有礼貌地与家长道别。

② 能将自己的物品摆放到指定位置。

③ 自己将晨检牌放入班级晨检袋中。

④ 乐意参与值日生的工作,完成简单的劳动,如给植物浇水、叠毛巾等。

2. 晨间活动

(1) 晨间活动前

① 学习将个人物品摆放在指定位置。

② 参与活动材料的准备工作。

(2) 晨间活动中

① 自主选择活动内容、材料、同伴、角色、场地等,进行活动。

② 在自选区域活动中,爱护和正确使用活动材料,轻拿轻放。

③ 能遵守规则,有一定的规则意识,不随意离开活动场地。

④ 能心情愉悦地与同伴分享活动的快乐。

(3) 晨间活动后

① 帮助教师收捡活动器械,轻拿轻放,物归原处。

② 有序地回教室,在教师的提醒下将小手洗干净。

③ 安静地进行餐前活动。

(二) 主班教师

1. 晨检

(1) 晨检前

① 做好晨间接待的准备工作,如准备好爱心小便条、接送卡、服药记录表等。

② 检查班级各种材料和环境的安全情况,排除安全隐患。

(2) 晨检中

① 面带微笑地迎接幼儿,拥抱、安抚个别情绪不良的幼儿。

② 通过晨检牌了解幼儿的身体状况,第一时间掌握班级幼儿总体的健康情况。

③ 认真做好二次晨检:一摸(摸额头,检查幼儿是否发热);二看(看幼儿精神状态);三问(问幼儿身体有无不适);四查(检查幼儿是否携带不安全物品),并做好记录。

④ 与家长进行简单的交流,了解幼儿的情况,记录家长的特殊需求,并及时让班级教师知晓。

⑤ 提醒家长取走接送卡。

(3) 晨检后

① 及时登记幼儿的晨检及出勤情况,并与班级其他教师进行交接。

② 关注个别特殊幼儿的活动后护理(夏天换衣服,冬天隔汗巾等)。

③ 组织幼儿有序地进入活动室。

2. 晨间活动

(1) 晨间活动前

① 根据幼儿年龄特点做好计划,合理选择活动场地,检查活动器械和材料的安全性,并提前放置好。

② 提醒幼儿自主选择活动器械进行活动。

(2) 晨间活动中

① 观察并适时指导幼儿活动,鼓励幼儿自己解决活动中遇到的问题。

② 帮助幼儿学会遵守晨间活动的规则,适时调整幼儿活动量。

③ 适时介入幼儿的主选区域活动,了解幼儿的活动情况,并做好记录。

(3) 晨间活动后

① 关注个别特殊幼儿活动后的护理。

② 帮助幼儿做好晨间活动场地及器材的整理、清洁工作。

(三) 协教或保育教师

1. 晨检

(1) 晨检前

① 开窗通风,保持空气流通,做好活动室、寝室、盥洗室的卫生清洁及口杯、毛巾的消毒工作。

② 面向幼儿和家长,主动向幼儿问好。

③ 做好温度和光线的调节,保持室内适宜的温度和光线(冬天 18℃—20℃,夏天 24℃—26℃)。

(2) 晨检中

① 在活动室热情迎接稍晚入园的幼儿,指导幼儿摆放好个人物品,帮助幼儿学会管理自己的物品。

② 随时关注其他正在活动的幼儿,处理突发情况。

(3) 晨检后

① 及时与保健医生沟通幼儿的精神状态、身体状况的普遍情况与个别异常情况。

② 做好晨检各项记录的收捡工作。

③ 指导值日生进行值日工作,如给花浇水、整理图书等。

2. 晨间活动

(1) 晨间活动前

① 检查器械或材料、场地的安全。

② 耐心倾听每一名幼儿的表达,灵活利用幼儿陆续进园的时机进行个别指导,采用拥抱、蹲下来和幼儿说话等多种方式安抚并疏导幼儿的不良情绪。

(2) 晨间活动中

① 根据天气情况和幼儿体质帮助幼儿添、减衣服。

② 关注幼儿活动情况,引导幼儿遵守晨间活动规则,积极回应幼儿的个别需求。

(3) 晨间活动后

组织幼儿收捡活动器械和玩具,引导幼儿安全返回教室,有序地进行盥洗。

(四) 保健医生

晨检

(1) 晨检前

① 提前10分钟到岗,换好工作服,戴好口罩。

② 用消毒水和清水将晨检台、晨检器械擦拭干净。

③ 热情迎接每一名幼儿。

(2) 晨检中

① 认真做好晨检:一摸(摸额头,检查幼儿是否发热);二看(看幼儿咽部有无红肿现象);三问(问幼儿身体有无不适);四查(检查幼儿皮肤有无异常);五处理(发现异常,建议家长带幼儿到医院就诊),并做好记录。

② 根据晨检情况给幼儿发放不同颜色的晨检牌。对患有传染病或传染病未痊愈的幼儿,应要求其回家继续休养至痊愈方可入园。

③ 发现幼儿携带危险物品或不宜幼儿食用的食品如口香糖、瓜子、珠子、小刀等时,将其交由家长带回,或交由班级教师保管待离园时让幼儿带回。

④ 指导家长认真填写委托服药登记表中的每一项,特别是家长签名一栏。

⑤ 做好有关药品的交接、登记和存放工作,认真检查药品有无过期。告诉家长,首次药物喂服不能在幼儿园进行,以防出现药物的过敏现象。幼儿园一律不接受也不给幼儿喂服保健药品和家中熬制的汤药。

(3) 晨检后

① 检查平面卫生及班级物品的摆放情况。

② 及时给有需要的幼儿喂药,提醒班级教师多关注服药幼儿及体弱多病的幼儿。

③ 对个别体质特殊的幼儿进行跟踪观察,并做好记录。

(五) 家长

晨检

(1) 晨检前

① 提醒幼儿按时起床,指导幼儿正确洗漱。

② 营造宽松、愉悦的入园氛围,让幼儿高兴地入园。

(2) 晨检中

① 主动引导幼儿接受保健医生的晨间检查,领取晨检牌。

② 认真登记幼儿的服药情况(药量、次数等),并签名。

③ 如实告知保健医生幼儿的情况，特别是有特殊情况时（如幼儿身体不适、精神不佳等）。

（3）晨检后

① 主动将晨检牌交给班级教师，并说明情况。

② 与班级教师简单交流幼儿在家的情况。

③ 取走接送卡，并有礼貌地与教师道别。

五、幼儿常见问题与解决策略

幼儿常见问题	解 决 策 略
情绪低落，不想进班	1. 采用高度关注法。这类幼儿通常希望引起教师的关注，因此教师要适度满足幼儿的这种需求，热情地迎接幼儿，通过口头语言和肢体语言缓解幼儿的抵抗情绪，帮助幼儿尽快融入班集体中。 2. 与家长及时沟通。教师发现这种情况，应及时与家长进行沟通，了解幼儿不进班的症结所在，与家长共同分析幼儿的情况，找出有效的解决办法。老师、家长、幼儿之间的沟通尤为重要，这样能更好地分析、解决问题。
缺乏自主意识，自我服务能力较弱	教师要相信幼儿，放手让幼儿自己动手操作。在早晨入园时，教师要鼓励、指导幼儿自己整理衣物、自己洗手，和家长做好沟通，不要包办、代办，从点滴小事中逐渐锻炼幼儿的动手能力，帮助幼儿提高自我服务能力，让幼儿体验到自我满足的愉悦。
晨间活动形式单一，难以调动幼儿参与活动的积极性	要相信幼儿是一个拥有巨大潜力的个体，有能力独立完成各种任务，因此要根据幼儿的特点和兴趣从生活中发掘锻炼幼儿的机会，把班内的活动内容生活化、趣味化，避免单调、乏味。比如，幼儿对角色扮演情有独钟，教师可以抓住幼儿的这一兴趣点，把晨间活动情景化、角色化。如授予组织能力强的幼儿“小小交警”称号，让他帮助老师维持班内的活动次序；授予动手能力强的幼儿“小巧手”的称号，让他在生活上指导、帮助其他幼儿。让幼儿分工协作、自由发挥，相信幼儿定能演绎出令人意想不到的剧情，也能够极大地激发幼儿参与的积极性和热情，在无形中锻炼发展了幼儿的能力。

扫描二维码，欣赏中班入园环节的视频

第三节　大班入园环节的组织

一、目标定位

1. 能经常保持愉悦的情绪，坚持按时入园。主动接受晨检，能清楚地将身体的不适感告诉保健医生或教师。

2. 能热情、主动地向教师打招呼，与教师进行简单的交流。

3. 主动将自己的物品整齐地摆放在指定的地方，知道入园后所要做的事情的先后顺序。

4. 积极参加晨间活动，能提醒同伴遵守规则，并在教师指定的范围内活动，不随意离开。

二、环境创设

班级教师可以根据幼儿的年龄特点和教室整体环境，请幼儿一起设计、制作入园环节步骤图，可以使用图片，也可以采用绘画的形式。

图示参考1：晨检步骤

(1) 保健医生晨检工作步骤（见小班保健医生晨检工作步骤及图示参考）

(2) 幼儿晨检步骤

自觉排队等候→主动向保健医生问好→伸出小手→张开小嘴→如身体不适，主动告知保健医生→领取晨检牌→主动与保健医生道别→将晨检牌放入班级晨检袋，并在教师的帮助下自己记录入园时间

① 自觉排队等候

② 主动向保健医生问好

③ 伸出小手

④ 张开小嘴

⑤ 如身体不适，主动告知保健医生

⑥ 领取晨检牌

⑦ 主动与保健医生道别

⑧ 将晨检牌放入班级晨检袋，并在老师的帮助下自己记录入园时间

入园时间记录表见下图：

入园冠军

学号	周一	周二	周三	周四	周五
1	7:40				
2	7:35				
3	7:50				
4	8:00				
5	7:55				
6	7:45				
7	7:35				
8	7:39				
9	7:40				
10	8:05				
11	7:40				
12	7:35				
13	7:50				
14	8:00				
15	7:55				
16	7:45				
17	7:35				
18	7:39				
19	7:40				
20	7:35				
21	7:40				
22	7:35				

学号	周一	周二	周三	周四	周五
23	7:40				
24	7:35				
25	7:50				
26	8:00				
27	7:55				
28	7:45				
29	8:05				
30	7:39				
31	7:40				
32	7:35				
33	7:40				
34	7:35				
35	7:50				
36	8:00				
37	7:55				
38	8:15				
39	7:35				
40	7:39				
41	7:40				
42	8:08				
43	7:40				
44	7:35				

图示参考 2：晨间活动与工作步骤

(1) 幼儿晨间活动步骤

主动向老师问好→主动与家长道别→自主把书包放置在书包架上→轻拿轻放小椅子→完成值日生的工作→与同伴一起快乐地进行晨间活动→整理器械→主动盥洗

① 主动向老师问好

② 主动与家长道别

③ 自主把书包放置在书包架上

④ 轻拿轻放小椅子

⑤ 完成值日生的工作

⑥ 与同伴一起快乐地进行晨间活动

⑦ 整理器械

⑧ 主动盥洗

(2) 教师入园工作步骤(见小班教师入园工作步骤及图示参考,注意大班幼儿的年龄特征)

(3) 家长入园步骤(见小班家长入园步骤及图示参考,注意大班幼儿的年龄特征)

三、组织过程

(一) 保健医生

1. 提前做好晨检准备，微笑着迎接幼儿，主动向幼儿问好，营造宽松的晨检环境。

2. 严格按照“一摸、二看、三问、四查、五处理”的要求，认真做好晨间检查。询问幼儿情况，认真听取幼儿关于身体的异常或者不舒服的表述。

3. 晨检中按情况给幼儿发放不同的晨检牌。给无异常情况的幼儿发放绿色晨检牌，给需要观察的幼儿发放黄色晨检牌，给有明显症状、需要用药或服药的幼儿发放红色晨检牌。

4. 提醒幼儿与家长把晨检牌交给班级教师，并做好晨检记录。

(二) 班级教师

1. 热情、礼貌地迎接幼儿和家长，主动向幼儿问好。

2. 查看幼儿的晨检牌，进行二次晨检。重点检查幼儿是否有携带不安全物品来园，统一收纳保管幼儿带来的物品。

3. 与家长进行简单交流，有针对性地了解幼儿在家的情况，记录家长交代的事宜。询问家长："请问，您还有什么需要我们帮助的吗？"

4. 观察幼儿是否主动将物品整齐地摆放到指定的位置。

5. 提醒值日生开展值日工作。观察值日生能否记住自己的工作内容和要求，能否主动完成好工作任务，并对值日生工作进行评价。

6. 按计划组织晨间活动。向幼儿强调活动中的安全事项及礼仪要求，提醒幼儿不做危险动作。提醒幼儿遵守游戏规则，不打闹、不争抢活动器械，爱护活动材料。

7. 师幼共同收拾场地和材料，开始下一个活动。

四、行为指南

(一) 幼儿

1. 晨检

(1) 晨检前

① 衣着整洁，愉快来园，有礼貌地主动向保健医生、教师问好。

② 亲近教师、同伴，主动接受保健医生、教师的晨检。

③ 能携带好入园所需的生活用品和学习用品，并主动托付给教师保管。

(2) 晨检中

① 主动接受保健医生和教师晨检。

② 能将身体的不适清楚地告诉保健医生或者教师。

(3) 晨检后

① 主动、愉快地与家长道别。

② 主动将自己的物品摆放到指定位置。

③ 主动把晨检牌放入班级晨检袋中。

④ 主动完成值日生的工作。

2. 晨间活动

(1) 晨间活动前

① 能将个人物品整齐有序地摆放在指定位置。

② 积极做好整理教室，照顾动、植物等值日工作。

(2) 晨间活动中

① 根据老师的计划安排，到相应的场地参加活动。

② 能自主选择活动内容、材料、同伴、角色、场地等进行活动。

③ 在活动中能主动遵守规则，有较好的规则意识。

(3) 晨间活动后

① 主动收捡活动器械，轻拿轻放，物归原处。

② 主动到盥洗室洗手。

③ 安静地进行餐前活动。

(二) 主班教师

1. 晨检

(1) 晨检前

① 热情、亲切地迎接幼儿、家长，稳定幼儿的情绪。

② 做好晨间接待准备工作，如准备好爱心小便条、接送卡、服药记录表等。

③ 检查班级各种材料和环境的安全情况，排除安全隐患。

(2) 晨检中

① 面带微笑地迎接幼儿，拥抱、安抚个别情绪不良的幼儿。

② 通过晨检牌了解幼儿的身体状况，第一时间掌握班级幼儿的总体健康情况。

③ 认真做好二次晨检：一摸(摸额头，检查幼儿是否发热)；二看(看幼儿精神状态)；三问(问幼儿身体有无不适)；四查(检查幼儿是否携带不安全物品)，并做好记录。

④ 与家长进行简单的交流，了解幼儿的情况，记录家长的特殊需求，并及时让班级教师知晓。

⑤ 提醒家长取走接送卡。

(3) 晨检后

① 及时登记幼儿的晨检及出勤情况，并与班级其他教师进行交接。

② 关注个别特殊幼儿的活动后护理(夏天换衣服，冬天隔汗巾等)。

③ 组织幼儿有序地进入活动室。

2. 晨间活动

(1) 晨间活动前

① 根据幼儿年龄特点做好计划，合理选择活动场地，检查活动器械和材料的安全性，并提前放置好。

② 提醒幼儿自主选择活动器械进行活动。

(2) 晨间活动中

① 热情迎接稍晚入园的幼儿，引导幼儿摆放好个人物品。

② 观察并适时指导幼儿参与活动，教师要根据天气变化和幼儿兴趣调整活动内容和场地，如下雨天，可在室内组织晨练或开展区域活动。

③ 提醒幼儿遵守活动规则，适时调整幼儿活动量。

(3) 晨间活动后

① 关注个别特殊幼儿活动后的护理。

② 帮助幼儿做好晨间活动场地及器材的整理、清洁工作。

(三) 协教或保育教师

1. 晨检

(1) 晨检前

① 开窗通风，保持空气流通，做好活动室、寝室、盥洗室的卫生清洁及口杯、毛巾的消毒工作。

② 面向幼儿和家长，主动向幼儿问好。

③ 做好温度和光线的调节，保持室内适宜的温度和光线(冬天 18℃—20℃，夏天 24℃—26℃)。

(2) 晨检中

① 在活动室热情迎接稍晚入园的幼儿。

② 引导幼儿把自己的物品放到指定的位置。

③ 随时关注其他正在活动的幼儿，处理突发情况。

(3) 晨检后

① 及时与保健医生沟通幼儿的精神状态、身体状况的普遍情况与个别异常情况。

② 做好晨检各项记录的收捡工作。

③ 指导值日生进行值日工作，如给花浇水、整理图书等。

2. 晨间活动

(1) 晨间活动前

① 检查器械或材料、场地的安全。

② 耐心倾听每一名幼儿的表达，灵活利用幼儿陆续入园的有利时机进行个别指导。

(2) 晨间活动中

① 根据天气情况和幼儿体质帮助幼儿增、减衣服。

② 关注幼儿活动情况，引导幼儿遵守晨间活动规则，积极回应幼儿的个别需求。

(3) 晨间活动后

组织幼儿收捡活动器械和玩具，引导幼儿安全返回教室，有序地进行盥洗。

(四) 保健医生

晨检

(1) 晨检前

① 提前10分钟到岗，换好工作服，戴好口罩。

② 用消毒水和清水将晨检台、晨检器械擦拭干净。

③ 热情迎接每一名幼儿。

(2) 晨检中

① 认真做好晨检：一摸(摸额头，检查幼儿是否发热)；二看(看幼儿咽部有无红肿现象)；三问(问幼儿身体有无不适)；四查(检查幼儿皮肤有无异常)；五处理(发现异常，建议家长带幼儿到医院就诊)，并做好记录。

② 根据晨检情况给幼儿发放不同颜色的晨检牌。对患有传染病或患传染病未痊愈的幼儿，应要求其回家继续休养至痊愈方可入园。

③ 发现幼儿携带危险物品或不宜幼儿食用的食品如口香糖、瓜子、珠子、小刀等时，将其交由家长带回，或交由班级教师保管待离园时让幼儿带回。

④ 指导家长认真填写服药记录表中的每一项，特别是家长签名一栏。

⑤ 做好有关药品的交接、登记和存放工作，认真检查药品有无过期。告诉家长，首次药物喂服不能在幼儿园进行，以防出现药物的过敏现象。幼儿园一律不接受也不给幼儿喂服保健药品和家中熬制的汤药。

(3) 晨检后

① 检查平面卫生及班级物品摆放情况。

② 及时给幼儿喂药，提醒班级教师多关注服药幼儿及体弱多病的幼儿。

③ 对个别体质特殊的幼儿进行跟踪观察，并做好记录。

(五) 家长

晨检

(1) 晨检前

① 提醒幼儿按时起床，指导幼儿正确洗漱。

② 营造宽松、愉悦的入园氛围，让幼儿高兴地入园。

(2) 晨检中

① 主动让幼儿接受保健医生的晨间检查，领取晨检牌。

② 认真登记幼儿服药情况(药量、次数等),并签名。

③ 如实告知保健医生幼儿的情况,特别是有特殊情况时(如幼儿身体不适、精神不佳等)。

(3) 晨检后

① 主动将晨检牌交给班级教师,并说明情况。

② 与班级教师简单交流家园情况。

③ 取走接送卡,并有礼貌地与教师道别。

五、幼儿常见问题与解决策略

幼儿常见问题	解 决 策 略
不能按时入园,常常迟到	1. 采用激励法。教师可奖励按时来园的幼儿小红花。幼儿累计得到一定数量的小红花,可以换取小贴纸等物品,以此来促进幼儿每天按时来园。 2. 家园合作。教师与家长进行沟通,了解幼儿在家的休息时间,与家长共同合作,保障幼儿按时入园。 3. 设计有趣的晨间活动。教师可设计有趣的晨间活动,提供有吸引力的体育器械,以吸引幼儿按时入园参加活动。如提供数量有限且可操控的玩具汽车,这样只有早到的几名幼儿才有机会玩,让幼儿明白想玩汽车,就必须早早入园。也可通过开放区域活动来吸引幼儿,因为不同的区域都有人数限制,如果想进入自己感兴趣的区域,就要按时上幼儿园。
不愿问好	教师主动打招呼。有时候,幼儿心里有些小别扭,来园的时候不愿向教师问好,教师可以主动向幼儿问好,或者通过其他幼儿的榜样作用引导幼儿学会主动问好。
对活动不感兴趣,不遵守活动规则	1. 与幼儿共同制订活动规则。在活动开始前,教师和幼儿一起商议活动规则,以充分调动幼儿参与的积极性。 2. 分情况、有针对性地解决。如果是幼儿的认知能力不足,对"秩序"没有明确的概念,教师就要耐心讲解,并请知晓规则的幼儿进行示范,帮助其理解;如果幼儿是由于淘气或者是为了获得教师的关注而故意不遵守规则,教师更要耐心指导,并且通过榜样激励的方式,激起幼儿竞争的欲望,从而使其参与到活动规则中来;如果是活动缺乏新颖性和挑战性,幼儿对活动不感兴趣,应马上对活动进行调整,根据幼儿的能力发展情况调整活动的难度,以适应幼儿的能力水平。 3. 给予幼儿鼓励和表扬。在游戏过程中,教师要积极评价,采取赏识教育的方式鼓励幼儿参与,营造良好的活动氛围。

第二章

盥洗环节的组织

幼儿园的盥洗活动是幼儿一日生活的重要内容，主要包括洗手、洗脸、漱口等活动。养成和习得良好的盥洗习惯，是保障幼儿身体健康的第一道防线。对于成长中的幼儿来说，每天周而复始的盥洗活动正是他们学习独立生活的开始，也是幼儿园舒适生活和环境的保证。盥洗活动不但可以使幼儿的皮肤、口腔、毛发保持清洁，增强幼儿的抵抗力，维护他们的身体健康，还可以培养幼儿爱清洁、讲卫生的好习惯，提高幼儿的生活自理能力，对幼儿的一生都有积极的作用。然而在实际生活中，盥洗环节往往存在被忽视，草草了事，教师包办等现象。要保障幼儿园盥洗环节的有效实施，教师首先必须明确幼儿园盥洗环节的内容有哪些，各环节中应该着重培养幼儿哪些方面的行为习惯，这样才能在盥洗环节中给予幼儿有效的帮助和指导。

在幼儿园生活中，很多幼儿还没掌握科学的盥洗方法，部分幼儿的盥洗习惯也有待养成。其中洗手是最频繁的一项活动，幼儿餐前餐后、便前便后、活动前后都需要把手洗净。一天幼儿一般也要漱口、洗脸 2—4 次左右。盥洗活动类型不同，盥洗环节的组织策略也就不同。以洗手为例，教师要怎样帮助幼儿了解"洗手与健康"的关系，帮助幼儿养成主动洗手、正确洗手的良好习惯呢？对小班的幼儿，主要是激发他们的兴趣，以富有童趣的动物形象创设盥洗室环境，以生动的儿歌帮助幼儿学习洗手的方法，这样既调动了幼儿洗手的主动性，又能引导幼儿模仿洗手的步骤。到了中、大班，幼儿已经具备了一定的个人清洁和卫生能力，但洗手时马虎、打闹、使用肥皂用量过多的情况时有发生。有的幼儿只为完成任务而洗手，有的幼儿忙于游戏，忽视洗手。因此更应注意中、大班幼儿洗手行为的规范与礼仪，并针对问题，顺势生成健康主题的活动"细菌大战"等，采用"示范模仿""视频纠错""值日生活动"等方式，让幼儿在环境教育、同伴互助、家园合作中养成良好的洗手习惯。

第一节　小班盥洗环节的组织

一、目标定位

1. 在教师提醒下，每天餐前便后、手脏时、活动后洗手，食后漱口，餐后擦嘴，起床后洗脸。

2. 初步学习正确的洗手、漱口、洗脸方法。

3. 学习盥洗中的礼仪知识，有初步的节水意识，逐步养成良好的卫生习惯。

二、环境创设

1. 借助控制水流大小及冷水、热水的标识，帮助小班幼儿更好地控制水龙头。

2. 根据小班幼儿的年龄特点，用有趣的图片提醒幼儿在园洗手的时间及洗手与擦手的步骤。

3. 根据小班幼儿的年龄特点，采用简单的图片加文字提醒幼儿漱口与洗脸、抹面霜的步骤。同时，可以播放欢快的音乐，营造快乐温馨的盥洗氛围。

4. 根据盥洗室整体环境，合理规划盥洗区与等待区，张贴适合小班幼儿的有趣易懂的图片及标识。

图示参考1：在水龙头贴上冷热水及控制水流大小的标志

图示参考 2：这些时候请洗手

图示参考 3：洗手步骤

挽起小衣袖→打开水龙头→小手淋一淋→关好水龙头→搓搓小香皂→手心搓一搓→手背搓一搓→指缝交叉搓一搓→打开水龙头→冲净小手→关好水龙头→小手甩一甩→擦干小手→捋顺小衣袖

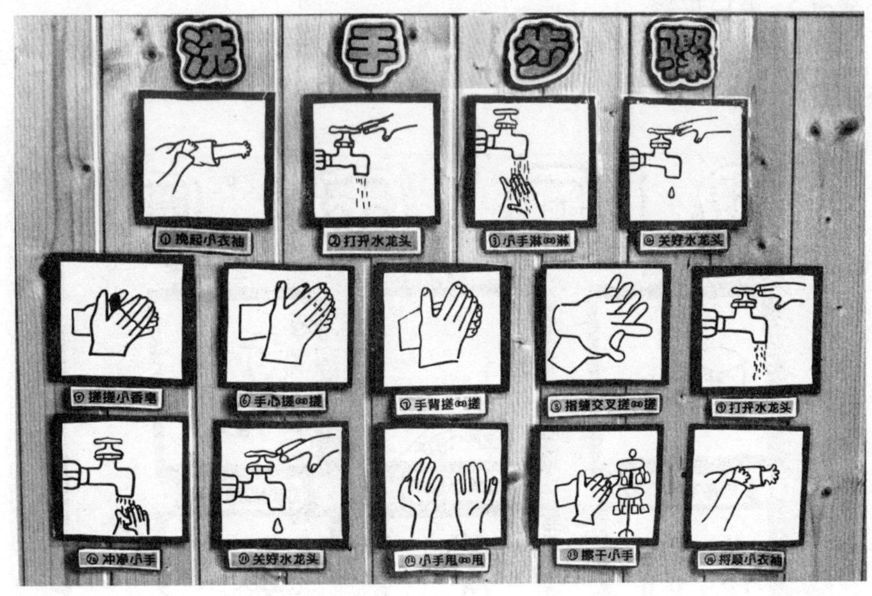

图示参考 4：擦手步骤

找到小毛巾→擦一擦手心→擦一擦手背→擦一擦手腕→捋顺小衣袖

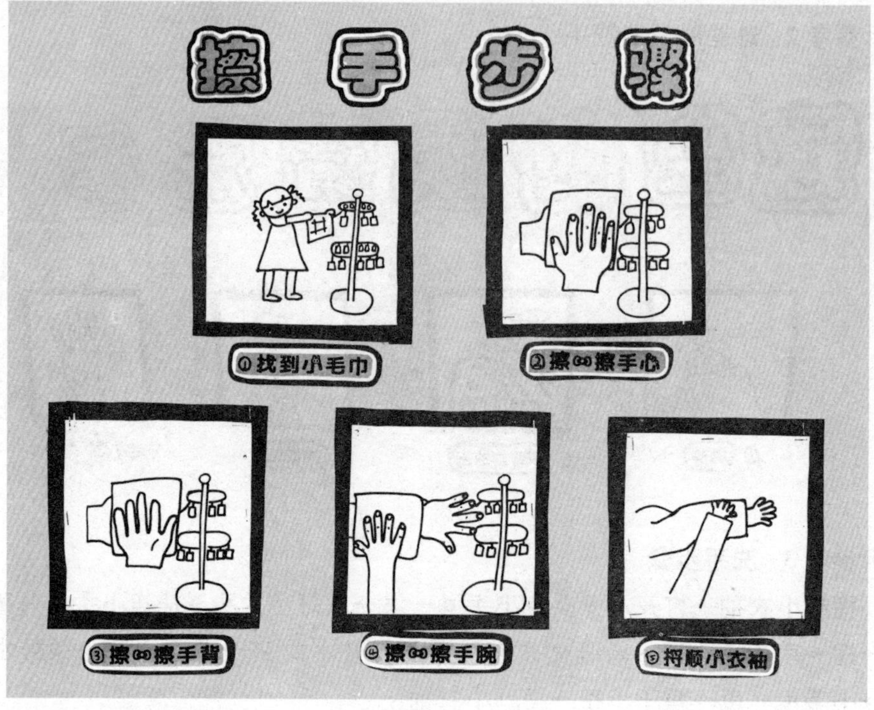

图示参考 5：漱口步骤

手拿小口杯→先接半杯水→喝口清清水→抬起头闭起嘴→咕噜咕噜吐出水→放好小口杯

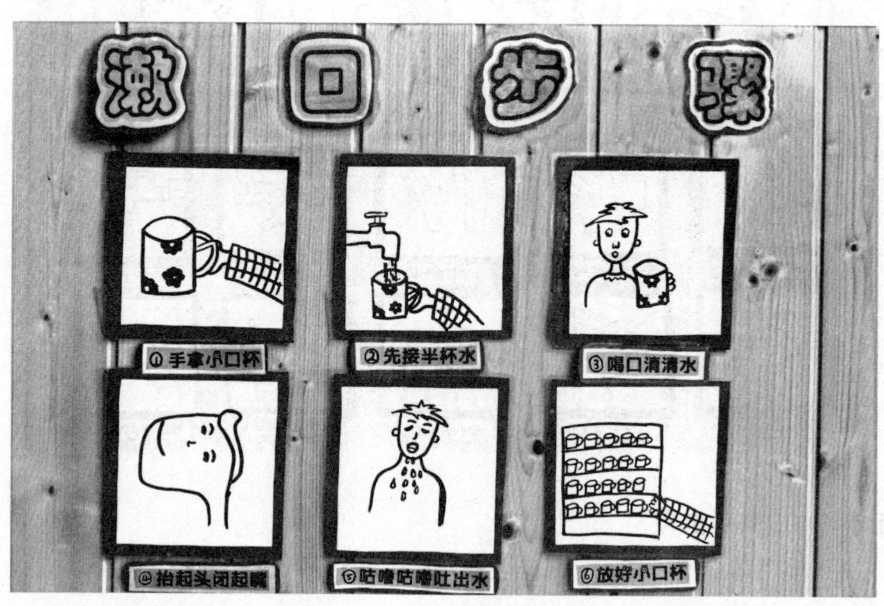

图示参考6：洗脸步骤

挽起小衣袖→自取湿毛巾→平整放手心→洗洗小眼睛→洗洗小鼻子→洗洗小嘴巴→洗洗小脸颊→洗洗小耳朵→毛巾放盆里→捋顺小衣袖

图示参考7：抹面霜步骤

双手手心相对，将抹在手心的面霜来回搓匀→双手手心面向脸部，并齐在脸部中心上下搓，然后双手分开竖搓两颊→一手放在前额、一手放在下巴横搓→两手并齐在面部转圈，保证每一个部位都抹到面霜

① 双手手心相对，将抹在手心的面霜来回搓匀

② 双手手心面向脸部，并齐在脸部中心上下搓，然后双手分开竖搓两颊

③ 一手放在前额、一手放在下巴横搓

④ 两手并齐在面部转圈，保证每一个部位都抹到面霜

三、组织过程

(一) 洗手

1. 提醒幼儿洗手，明确洗手要求。

(1) 教师：你会洗手吗？怎样洗手才不会弄湿小衣袖？

(2) 师幼共同梳理：挽起小衣袖→打开水龙头→小手淋一淋→关好水龙头→搓搓小香皂→手心搓一搓→手背搓一搓→指缝交叉搓一搓→打开水龙头→冲净小手→关好水龙头→小手甩一甩→擦干小手→捋顺小衣袖；洗手要注意打开水龙头的正确方法，不玩水，不弄湿衣袖，如弄湿衣袖知道告诉教师；人多时要排队等候。

2. 幼儿洗手，教师巡回观察，关注幼儿的洗手方法和相应的行为习惯。如：人多时幼儿是否排队洗手不推挤，是否愿意按照步骤洗手，是否注意节约用水，是否能在教师的提示下擦干手……

3. 适时与幼儿交流洗手情况，巩固幼儿良好的行为，纠正不良的行为。

教师：手上的脏东西洗干净了吗？怎样才能把小手擦干呢？你的小衣袖弄湿了没有？水龙头有没有还在掉眼泪？

教师根据现场实际情况或鼓励幼儿或提出注意事项，让好的做法变成共享经验，让不好的行为逐步得以纠正。

4. 师幼共同收拾场地，开始下一个活动。

(二) 漱口

1. 提醒幼儿漱口，明确漱口要求。

(1) 教师：刚才你漱口了吗？怎样漱口才不会弄湿衣服？

(2) 师幼共同梳理：手拿小口杯→先接半杯水→喝口清清水→抬起头闭起嘴→咕噜咕噜吐出水→放好小口杯；漱口时不要玩水，吐水时要低头并吐进水槽；尽量不弄湿衣袖，如弄湿衣袖知道告诉教师；人多时要排队等候。

2. 幼儿自主漱口，教师巡回观察，关注幼儿的漱口的方法和相应的行为习惯。如：人多时是否排队漱口，不推挤；是否愿意按照步骤漱口；是否注意节约用水；是否正确使用口杯；接水量是否有半杯……

3. 适时与幼儿交流漱口情况，巩固幼儿良好的行为，纠正不良的行为。

教师：刚才你是怎样漱口的？有小衣袖弄湿了没有告诉老师的吗？

教师根据现场实际情况或鼓励幼儿或提出注意事项，让好的做法变成共享经验，让不好的行为逐步得以纠正。

4. 师幼共同收拾场地，开始下一个活动。

(三) 洗脸

1. 提醒幼儿在教师帮助下洗脸，明确洗脸的要求。

(1) 教师：刚才老师是怎样帮助小朋友洗脸的，先洗什么地方？再洗什么地方？洗脸时要注意些什么？

(2) 师幼共同梳理：挽起小衣袖→自取湿毛巾→平整放手心→洗洗小眼睛→洗洗小鼻子→洗洗小嘴巴→洗洗小脸颊→洗洗小耳朵→毛巾放盆里→捋顺小衣袖；洗脸时不玩水，不弄湿衣袖，如弄湿衣袖知道告诉教师；人多时要排队等候。

2. 幼儿在教师的帮助下洗脸，教师巡回观察，关注幼儿是否愿意洗脸，是否排队等候，是否愿意抹护肤品，不逃避。

3. 适时与幼儿交流洗脸情况，巩固幼儿良好的行为，纠正不良的行为。

教师：刚才在老师的帮助下你的小脸洗干净了吗？你是怎么做的？怎样做才不会打湿衣袖？你洗完脸后有什么感觉？

4. 指导幼儿学习抹面霜的简单方法。

教师：你们在家抹过面霜吗？为什么要抹面霜？怎样抹面霜抹得均匀？抹完面霜有什么感觉？

教师根据现场实际情况或鼓励幼儿或提出注意事项，让好的做法变成共享经验，让不好的行为逐步得以纠正。

5. 师幼共同收拾场地，开始下一个活动。

四、行为指南

(一) 幼儿

1. 洗手

(1) 洗手前

① 有序地进入盥洗室,如是秋冬季要先卷起衣袖。

② 人多时知道排队等候。

(2) 洗手中

① 学习正确的洗手方法以及洗手的程序和规则。

② 尽量不弄湿衣服和地板,如不小心弄湿衣袖要及时告诉教师。

(3) 洗手后

① 用自己的毛巾擦手,如是秋冬季节要放下衣袖。

② 有序、安静地回到活动室。

2. 漱口

(1) 漱口前

① 有序地进入盥洗室,人多时知道排队等待。

② 用自己的口杯接半杯温开水。

(2) 漱口中

① 用正确的鼓漱方法漱口。

② 不含水,不咽水,把水轻轻吐进水池内。

③ 不玩水,不弄湿衣服和地板。

(3) 漱口后

将自己的口杯放回原处。

3. 洗脸

(1) 洗脸前

① 自取自己的湿毛巾。

② 如有鼻涕,会用纸巾擤。

(2) 洗脸中

① 用正确的方法洗脸。

② 遵守盥洗规则,认真细致,不玩水,不弄湿衣袖和地板。

(3) 洗脸后

① 在教师的提示下将毛巾放进指定的地方，整理好衣领和袖口。

② 在教师的提示下取适量面霜在脸上抹好。

(二) 主班教师

1. 洗手

(1) 洗手前

① 利用生活契机或专门的教育活动，帮助幼儿了解餐前便后及手脏时及时洗手、食后及时漱口、起床后及脸脏时洗脸的重要性，使幼儿知道洗手、漱口、洗脸对身体健康有好处。

② 帮助幼儿合理分组，组织幼儿有序地进入盥洗室。

③ 用儿歌等方式帮助与指导幼儿将袖子挽至胳膊肘处，防止洗手时溅湿衣袖。

④ 根据幼儿袖口的松紧程度提供必要的帮助。

⑤ 检查肥皂大小、位置是否方便幼儿取放。

⑥ 冬季调节水温，避免幼儿烫伤。

(2) 洗手中

① 营造愉悦安全的盥洗环境，允许幼儿之间轻言细语地交流。

② 指导幼儿轻轻打开水龙头，调至合适位置，保持水流柔和；提醒幼儿不玩水，不玩肥皂。

③ 观察幼儿是否按照正确的方法洗手，针对洗手过程中出现的搓洗不干净、方法不正确等情况采用适宜的方式介入。

④ 对身体不适的幼儿给予特殊的照顾和帮助指导。

⑤ 指导协教与保育教师做好洗手时的护理工作。

(3) 洗手后

① 指导或帮助幼儿用正确的方法擦手。

② 鼓励或帮助幼儿将衣袖放下，整理平整。

③ 提醒幼儿保持洗手后的清洁，不在盥洗室逗留。

④ 组织幼儿进行下一个环节的活动。

2. 漱口

(1) 漱口前

① 利用生活契机或专门的教育活动，帮助幼儿了解食后及时漱口的重要性，使幼儿知道漱口对口腔有好处。

② 食后帮助幼儿合理分组，组织幼儿有序地进入盥洗室。

③ 人多时引导幼儿排队轮流漱口。

④ 教师示范或通过儿歌引导幼儿学习正确的漱口方法。

(2) 漱口中

① 通过有趣的儿歌指导幼儿用正确的鼓漱方法漱口，提醒幼儿将漱口水含在嘴里鼓漱 3—5 次，再轻轻吐进水池中，不要将水咽进肚子里。

② 指导幼儿轻轻打开温开水的水龙头，调至合适位置，保持水流柔和，接半杯温开水漱口。

③ 观察幼儿是否按照正确的方法漱口，针对漱口过程中出现的问题采用适宜的方式介入。

④ 对身体不适的幼儿给予特殊的照顾和帮助指导。

⑤ 指导协教与保育教师做好幼儿漱口时的护理工作。

(3) 漱口后

① 组织幼儿有序进入活动室。

② 充分利用生活栏或评比栏及时鼓励幼儿，小结活动中幼儿的表现，多多鼓励。

3. 洗脸

(1) 洗脸前

① 利用生活契机或专门的教育活动，帮助幼儿了解洗脸的重要性，使幼儿知道洗脸对皮肤有好处。

② 起床后、面部脏时提醒幼儿洗脸，保持仪表整洁。

③ 采用儿歌等方式帮助并指导幼儿将袖子挽至胳膊肘处，防止洗脸时溅湿衣袖。

④ 提醒幼儿自取自己的湿毛巾。

(2) 洗脸中

① 指导或帮助幼儿洗干净脸，用温柔的动作引导幼儿从上到下、从里到外轻轻用力，依次把额头、眼睛、鼻子、嘴巴、脸颊、耳朵、脖子洗干净。

② 指导协教与保育教师做好幼儿洗脸时的护理工作。

(3) 洗脸后

① 提醒幼儿将毛巾放到指定地方，帮助幼儿取适量面霜在脸上抹好。

② 帮助幼儿整好衣领和袖口，通过语言鼓励、同伴示范、环境教育等方式表扬幼儿。

(三) 协教或保育教师

1. 洗手

(1) 洗手前

① 检查盥洗室地面是否有积水,防止幼儿滑倒摔伤。

② 检查盥洗用品是否方便幼儿取放。

③ 提醒幼儿人多时学习排队等候,不拥挤。

④ 提醒幼儿盥洗时不玩水。

⑤ 冬季检查水温是否适宜。

(2) 洗手中

① 指导幼儿轻轻打开水龙头,调至合适的位置,保持水流柔和。

② 提醒幼儿不玩水,节约用水。

③ 对身体不适的幼儿给予特殊的照顾和帮助指导。

④ 指导幼儿用正确的顺序和方法洗手。

⑤ 注意幼儿的安全。

(3) 洗手后

① 指导或帮助幼儿用正确的方法擦手。

② 鼓励或帮助幼儿将衣袖放下,整理平整。

③ 等最后一个幼儿洗完手后用拖把擦干地面的水,再离开盥洗室。

④ 毛巾按时清洗,消毒幼儿用的毛巾和洗手池。

⑤ 指导幼儿进入下一环节。

2. 漱口

(1) 漱口前

① 做好口杯消毒工作,检查水杯位置是否方便幼儿自己取放、接水。

② 组织幼儿食后轻轻走进盥洗室,取出自己的口杯漱口。

③ 根据季节准备温度适宜的饮用水。

(2) 漱口中

① 指导幼儿轻轻打开水龙头,调至合适的位置,保持水流柔和。

② 帮助或者指导幼儿接好半杯温开水漱口。

(3) 漱口后

① 提醒幼儿漱完口后,将自己的口杯放回原处并摆放整齐。

② 等最后一个幼儿漱完口后用拖把擦干地面的水,再离开盥洗室。

3. 洗脸

(1) 洗脸前

① 检查毛巾的数量并清洗消毒。

② 组织幼儿有序地进入盥洗室,引导幼儿自取自己的湿毛巾。

③ 提醒有鼻涕的幼儿先用纸巾擤干净鼻涕。

(2) 洗脸中

① 与主班教师一起指导并帮助幼儿洗干净脸,用温柔的动作引导幼儿从上到下、从里到外轻轻用力,依次把额头、眼睛、鼻子、嘴巴、脸颊、耳朵、脖子洗干净。

② 注意幼儿的安全。

(3) 洗脸后

① 帮助或提醒幼儿将毛巾放到指定的地方,并取适量的面霜在脸上抹好。

② 帮助幼儿整好衣领和袖口。

(四) 保健医生

1. 指导教师掌握正确的盥洗方法,帮助幼儿养成良好的盥洗习惯。

2. 督查盥洗室的清洁卫生工作以及盥洗用具的消毒工作。

3. 了解盥洗环节中常见的保育问题,提出对策。

4. 督查盥洗室环境创设提示的呈现方式与教师指导策略是否符合小班幼儿的年龄特点。

五、幼儿常见问题与解决策略

幼儿常见问题		解决策略
洗手	不会挽袖子	1. 保教人员适当进行示范、提醒或帮助。 2. 教师边说儿歌《挽袖口》,边用手捏住袖口,先挽前面再挽后面,一层一层向上挽起,一直挽到手肘处。
	不会控制水流的大小	教师在水龙头上,用彩色即时贴做一条控制水流大小的引导线,教幼儿把水龙头打开到引导线位置。
	洗手方法不正确	教师可利用班级中的生活标识,创设盥洗室的环境,帮助幼儿尽快了解洗手的基本步骤。可以将洗手步骤图张贴在盥洗室里,可以使用温馨提示语,提醒幼儿便后不忘洗手。除了使用生活小标识以外,教师还可以把盥洗室装饰得更有趣,让幼儿乐于洗手、喜欢洗手。
	洗手时不用香皂	教师准备形状、颜色不同的香皂激发幼儿洗手的兴趣。香皂放置要避免二次污染,装香皂的器具要定期消毒。

（续表）

幼儿常见问题		解　决　策　略
漱口	不愿意漱口	1. 教师创设温馨、有趣、有序的漱口环境（如贴上富有变化的图片提示等），使幼儿发现漱口的乐趣并愿意漱口。 2. 教师通过各种活动帮助幼儿知道漱口的重要性。 3. 对不愿漱口的幼儿，教师要充分理解，并给予具体的帮助，如适当降低要求，鼓励幼儿，让幼儿逐渐接受，尊重幼儿间的个体差异。
	将漱口水咽入肚中	入园初期，幼儿漱口时易将水咽下，教师可让幼儿用温开水或淡盐水漱口。
	漱口方法不正确	1. 教师通过直观的小实验让幼儿知道漱口为什么能把嘴里的食物残渣赶跑。 2. 教师可发挥环境的教育作用，张贴正确漱口的图示。 3. 及时肯定幼儿的漱口行为。 4. 鼓励幼儿在遇到困难或问题时请教师帮忙。教师要主动与漱口弄湿衣服的幼儿交流沟通，引导幼儿用语言表达出自己的具体需要。
洗脸	不愿意洗脸	1. 教师可创设温馨、有趣、有序、变化的洗脸环境，使幼儿发现洗脸的乐趣并愿意在教师的帮助下洗脸。 2. 为幼儿准备温开水洗脸，同时帮助幼儿懂得讲卫生、保持仪表整洁的重要性。
	不会按正确的顺序洗脸	1. 教师可通过儿歌、游戏等方式帮助幼儿熟悉洗脸的基本流程。 2. 提倡家园配合，提醒幼儿在家要和在幼儿园一样，养成良好的盥洗习惯；家长按照正确的洗脸方法帮助或指导幼儿洗脸。

第二节　中班盥洗环节的组织

一、目标定位

1. 懂得每天餐前便后洗手，起床洗脸，食后漱口。

2. 能看懂图示，学会盥洗的基本技能（漱口、洗手、洗脸），巩固正确的盥洗习惯。

3. 盥洗室内人多时，能在教师的提示下有序地排队进行盥洗，学会等待。

4. 知道节约水资源，盥洗时不玩水和香皂。

二、环境创设

1. 根据中班幼儿的年龄特点，采用图文并茂的形式随时提醒幼儿在园盥洗的正确步骤。

2. 根据盥洗室整体环境来设计，合理规划盥洗区与等待区，张贴适合中班幼儿的有趣易懂的图片及标识。

3. 在盥洗室张贴幼儿与老师共同商讨出来的盥洗规则，以中班幼儿能看懂的形式表现出来。

4. 播放欢快的音乐，营造快乐温馨的盥洗氛围。

图示参考（见小班盥洗环节的图示参考）

三、组织过程

（一）洗手

1. 提醒幼儿有序地洗手，明确洗手要求。

（1）教师：我们在什么情况下需要洗手？为什么要洗手？洗手时要注意些什么？

（2）师幼共同梳理：餐前便后、手脏时、活动结束后要洗手；洗手与身体健康有密切关系；洗手时注意不玩水，不打湿衣袖；人多时要排队等候。

2. 幼儿有序地洗手，教师与值日生巡回观察，关注幼儿的洗手方法和相应的行为习惯。如：人多时是否排队洗手不推挤，是否遗漏洗手的步骤，是否注意节约用水，是否能在教师的提示下擦干手……

3. 适时与幼儿交流洗手情况，巩固幼儿良好的行为，纠正不良的行为。

教师：刚才人多时你知道要排队洗手吗？你是怎样抹肥皂的呢？手上的脏东西洗干净了吗？怎样冲干净的？

教师根据现场实际情况或鼓励幼儿或提出注意事项，让好的做法变成共享经验，让不好的行为逐步得以纠正。

4. 师幼共同收拾场地，开始下一个活动。

（二）漱口

1. 提醒幼儿漱口，明确漱口要求。

（1）教师：我们为什么要漱口？漱口有什么作用？漱口时要注意些什么？

（2）师幼共同梳理：漱口可以将口腔里的食物残渣清理干净，保护我们的口腔;漱口时要注意不玩水,不弄湿衣袖;接水量要适中;人多时要排队等候。

2. 幼儿自主漱口,教师与值日生巡回观察,关注幼儿漱口的方法和相应的行为习惯。如:人多时是否排队漱口不推挤,是否遗漏漱口的步骤,是否注意节约用水,是否正确使用口杯,接水量是否有半杯……

3. 适时与幼儿交流漱口情况,巩固幼儿良好的行为,纠正不良的行为。

教师:刚才你是怎样漱口的?漱口水有没有接得太多或者太少?漱口后杯子放在哪里?

教师根据现场实际情况或鼓励幼儿或提出注意事项,让好的做法变成共享经验,让不好的行为逐步得以纠正。

4. 师幼共同收拾场地,开始下一个活动。

(三) 洗脸

1. 提醒幼儿有序地洗脸,明确洗脸的要求。

(1) 教师进行情景示范,幼儿观察。

教师:我这样洗脸对吗?为什么?最难洗的部位我们该怎么办?

(2) 师幼共同梳理:注意洗干净最难洗的部位——耳朵背后、眼窝;洗脸时不玩水,不打湿衣服;人多时要排队等候;难洗干净的部位可以边照镜子边洗。

2. 幼儿自主洗脸,教师与值日生巡回观察,关注幼儿的洗脸方法和相应的行为习惯。如:人多时是否排队洗脸不推挤,是否遗漏洗脸的步骤,是否注意节约用水,是否正确使用毛巾,是否能将已用过的毛巾放到指定的位置,是否能在教师的提醒下正确抹面霜……

3. 适时与幼儿交流洗脸情况,巩固幼儿良好的行为,纠正不良的行为。

教师:洗脸时你关水龙头了吗?洗完脸后,你抹面霜了吗?

教师根据现场实际情况或鼓励幼儿或提出注意事项,让好的做法变成共享经验,让不好的行为逐步得以纠正。

4. 师幼共同收拾场地,开始下一个活动。

四、行为指南

(一) 幼儿

1. 洗手

(1) 洗手前

① 有序地进入盥洗室,如是秋冬季,洗手前在教师或同伴的帮助下挽起

衣袖。

② 观看墙上张贴的洗手步骤图，能按照步骤图和规则洗净双手。

③ 知道餐前便后、活动后或手脏时要洗手，人多时知道要排队等候。

(2) 洗手中

① 能看懂图示，学会正确洗手的步骤与规则。

② 会正确地抹肥皂，不玩肥皂。

③ 学会调节水流大小，不玩水，做到不弄湿衣服与地板，懂得节约用水。

(3) 洗手后

① 洗完手后，会找自己的毛巾擦手且方法正确。

② 捋顺小衣袖，有序地回教室。

2. 漱口

(1) 漱口前

① 有序地进入盥洗室，人多时知道排队等候。

② 观看墙上张贴的漱口步骤图，能按照步骤图和规则漱口。

③ 不玩口杯，知道用自己的口杯接水漱口。

(2) 漱口中

① 学会用正确的鼓漱方法漱口。

② 会接半杯温水漱口，不含水，不咽水，把水轻轻吐进水池内。

(3) 漱口后

关紧水龙头，把自己的口杯送回原处并摆放整齐。

3. 洗脸

(1) 洗脸前

① 起床后，有序地进入盥洗室，用自己的毛巾洗脸。

② 排好队在教师的引导下洗干净自己的脸。

③ 有鼻涕的幼儿知道要用纸巾先擤干净鼻涕。

(2) 洗脸中

① 能按洗脸步骤图的顺序洗干净脸，在教师引导下学习拧干毛巾。

② 洗脸时要低头，不打湿衣服，懂得节约用水。

(3) 洗脸后

① 在教师的提示下将毛巾放进指定的地方，整理好衣领和袖口。

② 在教师的提醒下，自己取适量的面霜在脸上抹好。

（二）主班教师

1. 洗手

（1）洗手前

① 提醒幼儿洗手需要注意的事项，如挽袖子、排队等待、不玩水、抹肥皂等。

② 冬季提醒并帮助幼儿挽袖子，春秋季可鼓励幼儿自己挽衣袖或请伙伴帮忙。

③ 检查盥洗室地面是否有积水，防止幼儿滑倒摔伤。

④ 用儿歌方式提醒幼儿用正确的方法洗手。

⑤ 充分利用值日生活动，引导幼儿管理、检查、评价洗手环节的情况。

⑥ 注意幼儿的安全。

（2）洗手中

① 将正确的洗手方法、爱清洁和节约用水的理念以图标、简单的文字等方式呈现在盥洗处，并提醒幼儿遵守。

② 注意观察幼儿是否遗漏洗手步骤（淋、抹、搓、冲、甩、擦），适时提醒幼儿根据洗手步骤图示洗手，不遗漏步骤。

③ 给个别有特殊需求的幼儿提供必要的帮助。

④ 提醒幼儿人多时在等待线或小脚印上排队等待。

⑤ 指导协教与保育教师做好幼儿洗手时的护理工作。

（3）洗手后

① 检查洗完手的幼儿双手是否擦干，是否将衣袖整理好。当幼儿有需要时，给予帮助。

② 在区域活动中，教师还可自制“洗脸、洗脚、刷牙”等生活小书，引导幼儿在和材料的互动中自然习得好习惯。

2. 漱口

（1）漱口前

① 利用一日生活的过渡环节以及环境教育，让幼儿知道漱口对口腔有好处。

② 提醒幼儿排队，有序地进入盥洗室。

③ 人多时引导幼儿排队轮流漱口。

④ 教师示范或用儿歌引导幼儿采用正确的漱口方法。

（2）漱口中

① 通过有趣的儿歌指导幼儿用正确的方法漱口。观察幼儿能否将漱口水

含在嘴里鼓漱 3—5 次，再轻轻吐进水池中，不把水咽进肚子里。

② 指导幼儿接半杯温开水进行漱口。

③ 观察幼儿漱口的方法，针对漱口过程中出现的问题采用适宜的方式介入。

④ 关注个别能力较弱的幼儿并及时给予帮助。

⑤ 指导协教与保育教师做好幼儿漱口时的护理工作。

(3) 漱口后

① 组织幼儿安静地进入下一个环节。

② 在日常活动中小结漱口情况并表扬、鼓励做得好的幼儿。

3. 洗脸

(1) 洗脸前

① 利用一日生活的过渡环节以及环境教育，让幼儿知道洗脸对皮肤有好处。

② 引导幼儿将自制的规则张贴在易发生问题的洗手池旁，提醒幼儿认真遵守并互相督促。

③ 提醒幼儿在起床后、面部脏时洗脸。提醒有鼻涕的幼儿先用纸巾擤干净。

④ 通过语言鼓励、同伴示范、环境教育等方式激励幼儿。

⑤ 提醒幼儿洗脸时低下头，尽量避免弄湿衣袖。

(2) 洗脸中

① 通过有趣的儿歌帮助幼儿用正确的方法洗脸。

② 关注个别能力弱的幼儿并及时给予帮助。

③ 提醒等待的幼儿在盥洗室应该注意的安全事项和礼仪。

④ 关注幼儿的洗脸过程，及时提醒幼儿不要玩水、打闹、大声说笑、推挤并给予适当引导。

⑤ 指导协教与保育教师做好幼儿洗脸时的护理工作。

(3) 洗脸后

① 观察幼儿是否在脸上均匀抹好面霜。

② 提醒幼儿整理好衣领和袖口。

③ 可在班级建立幼儿洗脸记录表，奖励或表扬洗脸方法正确的幼儿。

(三) 协教或保育教师

1. 洗手

(1) 洗手前

① 检查毛巾数量是否与幼儿人数匹配。

② 检查肥皂的大小、位置是否方便幼儿取放。

③ 如是冬季须调节水温,避免发生烫伤等意外事故。

(2) 洗手中

① 提醒幼儿将水龙头调至合适的位置,保持水流柔和。

② 关注个别能力较弱的幼儿,给予适宜的指导与帮助。

③ 提醒幼儿不玩水、不玩肥皂。

④ 注意幼儿的安全。

(3) 洗手后

① 引导幼儿找到自己的毛巾并正确擦手。

② 鼓励或引导幼儿找同伴帮忙把袖子放下,整理衣服。

③ 提醒幼儿不在盥洗室内逗留。

④ 及时擦干地面的水渍,避免幼儿滑倒摔伤。

⑤ 指导幼儿进入下一个环节。

2. 漱口

(1) 漱口前

① 做好口杯的消毒工作,检查水杯位置是否方便幼儿自己取放、接水。

② 引导幼儿轻轻地取出自己的口杯漱口。

③ 根据季节准备温度适宜的饮用水。

(2) 漱口中

① 提醒幼儿将水龙头调至合适的位置,保持水流柔和。

② 观察幼儿是否知道接半杯水,不浪费水。

③ 关注幼儿是否能用正确的鼓漱方式漱口,及时给予适宜的指导。

(3) 漱口后

① 引导幼儿漱完口后,把自己的口杯放回原处并摆放整齐。

② 小结漱口方面做得好的幼儿,鼓励幼儿坚持食后漱口。

③ 等最后一个幼儿漱完口后用拖把擦干地面的水,再离开盥洗室。

3. 洗脸

(1) 洗脸前

① 检查毛巾的数量并清洗消毒。

② 组织幼儿有序地进入盥洗室,提醒幼儿自取自己的湿毛巾。

③ 提醒有鼻涕的幼儿先用纸巾擤干净鼻涕。

(2) 洗脸中

① 注意观察幼儿是否遗漏洗脸的步骤，提醒幼儿从上到下、从里到外轻轻用力，依次把额头、眼睛、鼻子、嘴巴、脸颊、耳朵、脖子洗干净。

② 引导幼儿用正确的方法搓洗毛巾，拧干毛巾。

③ 注意幼儿的安全。

(3) 洗脸后

① 引导幼儿将毛巾放到指定的地方，并取适量的面霜在脸上抹均匀。

② 提示幼儿整理好衣领和袖口。

(四) 保健医生

1. 提醒幼儿坚持用正确的方法盥洗，帮助幼儿养成良好的盥洗习惯。

2. 督查盥洗室的清洁卫生工作以及盥洗用具的消毒工作。

3. 督导保教人员的站位，确保能关注到每位幼儿。

4. 督查盥洗室的环境创设提示的呈现方式及教师的指导策略是否符合中班幼儿的年龄特点。

五、幼儿常见问题与解决策略

幼儿常见问题	解 决 策 略
不能正确洗手、漱口、洗脸	1. 师幼讨论。针对中班幼儿求知欲强、喜欢探究的特点，教师可巧设问题，组织幼儿展开讨论，让幼儿明白即使手看上去不脏也要及时洗手的原因，进而激发幼儿主动洗手的意愿。关注幼儿的洗手过程，提醒幼儿按照正确的方法洗手，如漱口要用鼓漱的方法至少鼓漱三次等。发现漱口方法不正确的幼儿，应耐心地给予语言和动作提示，采用榜样示范、值日小班长等形式及时鼓励幼儿的进步表现，帮助幼儿养成良好的盥洗习惯。 2. 家园共育。许多幼儿还不会正确洗脸，洗脸只是把脸弄湿，眼睛、下巴等部位根本洗不到。这主要和家庭养育方式有关，有的家长认为幼儿年龄小，代替幼儿完成洗脸工作，导致幼儿没有学习的机会；有的家长不对幼儿的洗脸过程进行指导和关注，认为幼儿长大后自然就能学会了。因此教师应该提醒家长，要在家庭中提供幼儿自我服务的机会，并帮助家长学习科学的洗脸方法，使家长在家中能引导幼儿正确洗脸，并养成良好的卫生习惯。
盥洗时玩水	1. 宽容、理解幼儿的行为。教师应该了解、支持、珍惜幼儿的想法，多站在幼儿的角度考虑问题，不能因自己看到的现象着急下定论。

（续表）

幼儿常见问题	解　决　策　略
盥洗时玩水	2. 引导幼儿认识水，珍惜水资源。教师应该做生活中的有心人，捕捉幼儿在生活中发现的生活现象，并与幼儿展开讨论。这样幼儿的认知才能得以发展，或许教师还能从中生成一些有价值的课程。教师也可以据此开展关于水的系列活动，让幼儿更全面地认识水，同时学会珍惜宝贵的水资源。

扫描二维码，欣赏中班盥洗环节的视频

第三节　大班盥洗环节的组织

一、目标定位

1. 能独立盥洗，知道餐前便后、手脏时洗手，食后漱口，起床后洗脸的正确方法。

2. 人多时能主动排队等待盥洗，不打闹、不玩耍，盥洗完后能自觉离开盥洗室，养成良好的盥洗习惯。

3. 根据需要熟练调节水流大小，会节约用水。

二、环境创设

1. 根据大班幼儿的年龄特点，采用幼儿自制的步骤规则图示布置，随时提醒幼儿在园盥洗正确的步骤与规则。

2. 根据盥洗室整体环境来设计，合理规划盥洗区与等待区，张贴适合大班幼儿的有趣易懂的图片及标识。

图示参考（见小班盥洗环节的图示参考）

三、组织过程

(一) 洗手

1. 幼儿自主洗手,教师明确洗手要求。

(1) 教师:洗手时要注意些什么?值日生该怎么做?

(2) 师幼共同梳理:值日生要督促同伴不玩水,节约用水;人多时要排队等候。

2. 幼儿自主洗手,值日生巡回观察,关注幼儿的洗手方法和相应的行为习惯。如:人多时是否排队,不推挤、不打闹,是否遗漏洗手的步骤,泡泡是否冲洗干净,是否注意节约用水……

3. 适时与幼儿交流洗手情况,巩固幼儿良好的行为,纠正不良的行为。

教师:刚才抹肥皂的时候你关好水龙头了吗?有没有坚持按照正确的方法洗手呢?

教师根据现场实际情况或鼓励幼儿或提出注意事项,让好的做法变成共享经验,让不好的行为逐步得到纠正。

4. 师幼共同收拾场地,开始下一个活动。

(二) 漱口

1. 幼儿自主漱口,教师明确漱口要求。

(1) 教师:漱口时应注意些什么?值日生该怎么做?

(2) 师幼共同梳理:值日生要督促同伴不玩水,节约用水;正确用口杯;人多时要排队等候。

2. 幼儿自主漱口,值日生巡回观察,关注幼儿漱口的方法和相应的行为习惯。如:人多时是否排队漱口不推挤,是否有贪玩打闹的现象,是否遗漏漱口的步骤,是否注意节约用水,是否正确使用口杯,接水量是否有半杯……

3. 适时与幼儿交流洗手情况,巩固幼儿良好的行为,纠正不良的行为。

教师:刚才你是怎样漱口的?吐出的水有没有溅在自己的身上?有没有贪玩打闹呢?

教师根据现场实际情况或鼓励幼儿或提出注意事项,让好的做法变成共享经验,让不好的行为逐步得以纠正。

4. 师幼共同收拾场地,开始下一个活动。

（三）洗脸

1. 幼儿自主洗脸，教师明确洗脸的要求。

（1）教师：小朋友洗脸的时候要遵守哪些规则呢？哪些行为是不对的？值日生该怎么做？

（2）师幼共同梳理：值日生要督促同伴不玩水，节约用水；人多时要排队等候。

2. 幼儿自主洗脸，值日生巡回观察，关注幼儿的洗脸方法和相应的行为习惯。如：人多时是否排队洗脸不推挤，是否遗漏洗脸的步骤，是否注意节约用水，是否正确使用毛巾，是否能在教师的提醒下正确抹面霜……

3. 适时与幼儿交流洗手情况，巩固幼儿良好的行为，纠正不良的行为。

教师：刚才洗脸的时候有没有玩毛巾？毛巾是怎样搓洗的？有没有坚持按照正确的方法洗脸呢？洗完脸后面霜抹均匀了吗？

教师根据现场实际情况或鼓励幼儿或提出注意事项，让好的做法变成共享经验，让不好的行为逐步得以纠正。

4. 师幼共同收拾场地，开始下一个活动。

四、行为指南

（一）幼儿

1. 洗手

（1）洗手前

① 分组有序地进入盥洗室，如是秋冬季，洗手前在同伴的帮助下或自己挽起衣袖。

② 观看墙上张贴的洗手步骤图，能按照步骤图和规则熟练地洗净双手。

（2）洗手中

① 按照洗手步骤和规则熟练洗净双手，不弄湿衣服和地板。

② 人多时能自觉排队等候，洗完手自觉离开盥洗室。

③ 根据需要熟练调节水流大小，节约用水。

（3）洗手后

① 能将自己的毛巾打开擦手，特别注意将手指缝里擦干，保持衣服和地面干爽。

② 及时进活动室，做好下个活动前的准备。

2. 漱口

(1) 漱口前

① 有序地进入盥洗室,用自己的口杯接水漱口。

② 能按照步骤图和规则独立地漱干净口。

③ 不玩口杯,能自主排队等待。

(2) 漱口中

① 遵守漱口流程与盥洗规则,用正确的方法漱口。

② 会接半杯温水漱口,不含水,不咽水,把水轻轻吐进水池内。

(3) 漱口后

关紧水龙头,把自己的口杯送回原处并摆放整齐。

3. 洗脸

(1) 洗脸前

① 起床后,有序地进入盥洗室,用自己的毛巾洗脸。

② 主动排队,用比较熟练的方法洗干净自己的脸。

(2) 洗脸中

① 能熟练按洗脸步骤图的顺序洗干净脸,会拧干毛巾。

② 洗脸时低下头,不玩水,避免弄湿衣袖。

(3) 洗脸后

① 自己取适量的面霜在脸上抹均匀。

② 洗脸后将毛巾放到指定的地方,主动整理好衣领和袖口。

(二) 主班教师

1. 洗手

(1) 洗手前

① 引导幼儿根据袖口的情况,用适宜的方式(卷、拉、提)将袖子挽起来。

② 以游戏的方式引导幼儿自己或在同伴的帮助下将长袖挽起来,特殊情况下教师可给予适当帮助。

③ 充分利用值日生活动,引导幼儿管理、检查、评价洗手环节的情况。

④ 设计检验小手干净程度的小实验,让幼儿感受认真洗手的重要性。

⑤ 请幼儿将自制的规则张贴在洗手池旁,提醒幼儿认真遵守并互相督促。

(2) 洗手中

① 提醒等待的幼儿,在盥洗室应该注意哪些安全事项和礼仪。

② 与值日生一起关注幼儿洗手的过程，保证安全。为有特殊需要的幼儿提供必需的帮助，针对搓洗不仔细、冲洗不干净等情况，根据幼儿的经验和能力耐心给予动作示范或语言提示。

③ 指导值日生关注幼儿的洗手过程，及时提醒幼儿不要玩水、打闹、拥挤并给予适当引导。

④ 通过语言鼓励、同伴示范、环境教育等方式表扬幼儿。

⑤ 指导协教与保育教师做好幼儿洗手时的护理工作。

(3) 洗手后

① 提醒幼儿自己拉好袖子或引导幼儿在同伴的帮助下把袖子放下，整理衣服。

② 鼓励幼儿自己或相互检查小手是否擦干净。

③ 引导幼儿主动进入下一环节(饮水、集体活动等)。

2. 漱口

(1) 漱口前

① 提醒幼儿自主排队，有序地进入盥洗室。

② 提醒幼儿坚持用正确的方法漱口。

③ 人多时，请值日生提醒幼儿排队，有序漱口。

④ 充分利用值日生活动，让幼儿管理、检查、评价漱口环节的情况。

(2) 漱口中

① 观察幼儿是否按照正确的方法漱口，针对漱口过程中出现的问题采用适宜的方式介入。

② 指导值日生关注幼儿的漱口过程，及时提醒幼儿不要玩水、打闹、拥挤、浪费水并给予适当引导。

③ 关注个别能力较弱的幼儿并及时给予必要的帮助。

④ 指导协教与保育教师做好幼儿漱口时的护理工作。

(3) 漱口后

① 提醒幼儿漱口后擦嘴，组织幼儿安静进入下一个环节。

② 小结活动中幼儿的表现，鼓励幼儿的进步。

3. 洗脸

(1) 洗脸前

① 提醒幼儿起床后有序地进入盥洗室洗脸。

② 做好盥洗准备，保证幼儿用消毒过的毛巾洗脸。

③ 将正确的洗脸方法、爱清洁的理念、用水的习惯，用图标、简单的文字等适宜的方式呈现在盥洗处，并提醒幼儿遵守。

(2) 洗脸中

① 观察幼儿是否按照正确的方法洗脸，针对洗脸过程中出现的洗脸方法不正确、搓洗毛巾不正确等情况采用适宜的方式介入。

② 指导值日生关注幼儿的洗脸过程，及时提醒幼儿不要玩水、打闹、拥挤、浪费水并给予适当引导。

③ 关注个别能力较弱的幼儿并及时给予必要的帮助。

④ 通过有趣的儿歌帮助幼儿巩固洗脸的正确方法。

⑤ 指导协教与保育教师做好幼儿洗脸时的护理工作。

(3) 洗脸后

① 提醒幼儿将毛巾放到指定的地方，整理好衣领和袖口。

② 提醒幼儿取适量的面霜在脸上抹均匀。

③ 小结洗脸的情况并鼓励、表扬做得好的幼儿。

(三) 协教或保育教师

1. 洗手

(1) 洗手前

① 提供便于幼儿取放且数量充足的毛巾和肥皂。

② 冬季需调节水温，避免发生烫伤等意外事故。

③ 根据幼儿袖口的松紧程度等情况及时提供必要帮助。

(2) 洗手中

① 站在洗手池旁指导幼儿按正确的步骤洗手。

② 根据盥洗室人数，适时引导幼儿进入盥洗室。

③ 与主班教师一起观察幼儿是否按照正确的方法洗手，对洗手过程中出现的问题采用适宜的方式介入。

(3) 洗手后

① 观察幼儿是否用自己的毛巾擦干手，方法是否正确。

② 要及时晾干或换洗幼儿洗手时弄湿的衣服。

③ 引导幼儿自己或在同伴的帮助下把袖子放下，整理衣服。

④ 及时擦干地面的水渍，避免幼儿滑倒摔伤。

2. 漱口

(1) 漱口前

① 做好口杯的消毒工作。

② 引导幼儿轻轻地取出自己的口杯漱口。

(2) 漱口中

① 提醒幼儿将水龙头调至合适的位置,保持水流柔和。

② 观察幼儿是否知道接半杯水,不浪费水。

③ 关注幼儿是否能用正确的鼓漱方式漱口,及时给予适宜的指导。

(3) 漱口后

① 表扬漱口方面做得好的幼儿,鼓励幼儿坚持食后漱口。

② 等最后一个幼儿漱完口后用拖把擦干地面的水,再离开盥洗室。

3. 洗脸

(1) 洗脸前

① 检查毛巾的数量并清洗消毒。

② 组织幼儿有序地进入盥洗室,引导幼儿自取自己的湿毛巾。

③ 提醒有鼻涕的幼儿先用纸巾擤干净鼻涕。

(2) 洗脸中

① 提示幼儿洗干净脸,引导幼儿观看洗脸步骤图,把脸洗干净。

② 提醒幼儿用正确的方法搓洗毛巾并拧干毛巾。

(3) 洗脸后

① 关注幼儿是否能拧干毛巾,并取适量的面霜在脸上抹均匀。

② 提示幼儿整理好衣领和袖口。

(四) 保健医生

1. 指导幼儿主动盥洗并坚持用正确的方法盥洗,帮助幼儿养成良好的盥洗习惯。

2. 督查盥洗室的清洁卫生工作以及盥洗用具的消毒工作。

3. 了解大班盥洗环节常见的保育问题及对策。

4. 提醒教师关注幼儿的盥洗方式。

5. 督查盥洗室的环境创设提示的呈现方式是否符合大班幼儿的年龄特点。

五、幼儿常见问题与解决策略

幼儿常见问题	解决策略
洗手、漱口、洗脸时马虎不认真	1. 视频纠错。在幼儿盥洗时，教师拍摄幼儿不同行为表现的视频，然后让幼儿观摩，找一找哪些行为是对的、哪些是错的，并说一说为什么。引导幼儿发现自己在洗手环节中存在的问题，督促他们坚持按照正确的方法洗手。同时通过值日生活动、同伴示范和提醒帮助、环境创设等方式，督促幼儿养成良好的生活卫生习惯。 2. 游戏参与。教师可引导幼儿玩各种有趣的游戏，在游戏的过程中帮助幼儿了解盥洗的重要性，学习科学的盥洗方法。如在健康主题活动“细菌大战”中，教师和幼儿自编自演童话剧《战胜病毒》，在这个过程中幼儿了解了“大病毒”的主要传播途径，学习了预防传染的妙招——勤洗手、讲卫生、勤通风、晒衣被等。
喜欢在盥洗室停留、打闹	1. 自定规则。教师可让幼儿讨论并制订盥洗室的相关规则，如不要在盥洗室追逐打闹、戏水等，然后让幼儿将规则张贴在盥洗室，并鼓励幼儿认真遵守、互相提醒，由此引导幼儿学习自我管理。 2. 家园共育。教师要经常与家长沟通，了解幼儿在家中的盥洗情况，引进家庭教育中的经验，使幼儿园的教育更具针对性；同时让家长了解幼儿园盥洗习惯培养的规则要求及方法，使家园教育保持同步，形成合力。

第三章

进餐环节的组织

大量跨文化研究表明，儿童营养与行为之间确实存在密切关系，年龄越小关系越密切，早期的饮食习惯对其今后乃至一生的生活质量产生深远影响。幼儿期是生长发育的关键期，养成良好的饮食、进餐行为习惯，摄取丰富的营养，是幼儿健康成长的重要保证。《纲要》明确要求幼儿园把促进幼儿的健康放在工作的首位，要培养幼儿良好的饮食习惯，这有助于促进幼儿的身心健康和谐发展。

适宜的营养是幼儿健康成长的基础。幼儿在园时间较长，为了给幼儿提供足够的营养和能量，幼儿园会提供适宜的餐点。通常所说的进餐活动主要包括早餐、午餐、上午点心、下午点心，在操作步骤上涵盖了餐前、餐中、餐后。

由于不同年龄阶段的幼儿身心发展水平不同，在进餐环节表现出的进餐状态、进餐需求也不尽相同。小班幼儿进餐容易受周围环境、情绪的影响，且他们的小肌肉发展相对较差，手眼协调能力需要加强练习，因此要着重引导小班幼儿正确地进餐。中、大班幼儿的情绪相对稳定，他们的进餐技能明显提高，应该巩固中班幼儿良好的进餐行为，引导大班幼儿将要习得的进餐行为转化为自觉的行为，养成良好的进餐习惯。教师要明确不同年龄阶段的幼儿在进餐中存在的突出问题，有目的、有计划地开展丰富多样的活动，并适时加以帮助、指导，引导进餐活动温馨、有序地进行，保证幼儿摄取充足的营养，促使幼儿养成良好的进餐习惯。

幼儿的进餐活动是生活活动的重要组成部分。因此，运用符合幼儿年龄段特点的方式步骤，科学地组织此环节，不仅有助于培养幼儿养成良好的进餐习惯和生活学习习惯，提高幼儿的生活自理能力，促进幼儿的身心健康和谐发展，也有助于建立班级良好的常规。

第一节　小班进餐环节的组织

一、目标定位

1. 在教师的指导下乐意进餐，不偏食、挑食，喜欢吃瓜果、蔬菜等新鲜食品。

2. 能熟练地用小勺进餐，愿意独立进餐。

3. 餐后愿意将餐具分类送回，学会用餐巾擦嘴、擦手及饭后漱口。

4. 养成正确的进餐坐姿和进餐习惯。

二、环境创设

1. 在进餐区可粘贴蔬菜瓜果及其他各类食物的图片，激发幼儿的食欲。

2. 在餐桌上或进餐区粘贴进餐步骤图，引导幼儿养成良好的进餐习惯。

3. 在进餐时可以播放一些轻音乐，让幼儿在轻松的氛围中进餐。

图示参考：进餐步骤

餐前洗手→正确使用餐具，遵守进餐礼仪，安静地进餐→轻放餐具至规定处→餐后漱口、擦嘴→摆放好椅子

① 餐前洗手

② 正确使用餐具，遵守进餐礼仪，安静地进餐

③ 轻放餐具至规定处

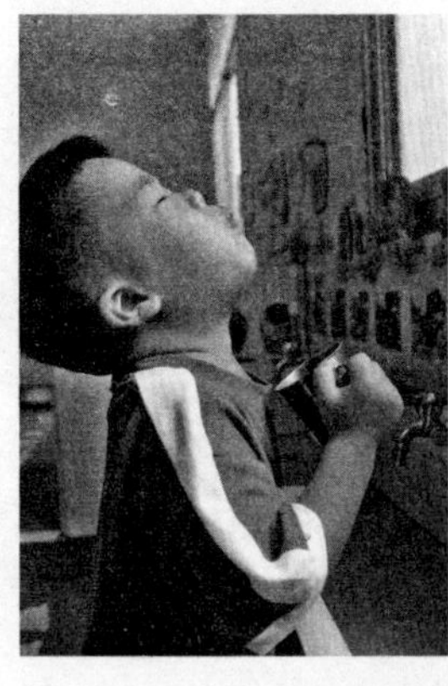
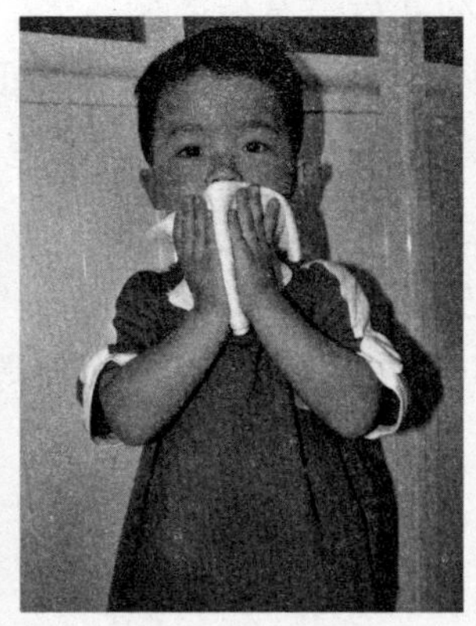

④ 餐后漱口、擦嘴

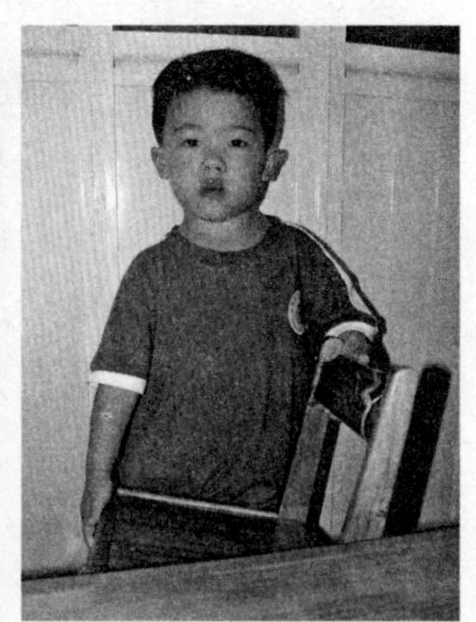

⑤ 摆放好椅子

三、组织过程

1. 组织幼儿进行餐前盥洗，提出餐前盥洗的要求。

(1) 教师：马上就要进餐了，在进餐前我们应该做什么？

(2) 师幼共同梳理：喝水→上厕所→洗手→坐回椅子上。

(3) 帮助幼儿有序地进行餐前盥洗。

2. 组织幼儿开展餐前活动，介绍食谱激发幼儿食欲。

(1) 用形象有趣的语言向幼儿介绍饭菜及其营养，激发幼儿的进餐欲望，引导幼儿不挑食。

(2) 指导幼儿参与摆放餐具的活动。

3. 组织幼儿进餐，教师关注幼儿的进餐礼仪及进餐情况。

指导幼儿学习使用小勺进餐，提醒幼儿喝汤时两手端平饭碗，避免洒出来，引导幼儿懂得不把饭菜放在别人碗里。鼓励幼儿多尝试各种食物，在教师的帮助下吃完属于自己的那份饭菜，提醒幼儿在用餐时间内完成进餐(小班幼儿用餐时间不多于40分钟)。

关注幼儿进餐时是否坐姿正确，是否挑食，是否剩饭菜，是否保持“四净”(桌面、地面、面部、身上干净)，是否能把桌面垃圾放入垃圾盘中，需要添饭时是否知道向教师提出要求。

指导幼儿正确使用餐具，观察幼儿的进食量，纠正幼儿的不良进餐习惯。对特殊幼儿给予照顾，及时处理异常情况。

4. 明确餐后要求并组织幼儿进行餐后活动。

(1) 帮助幼儿学习、掌握饭后擦嘴、洗手、漱口的正确方法。

(2) 指导幼儿学习将餐具分类放在固定的容器里。

(3) 组织幼儿餐后安静地进行区域活动。

(4) 待幼儿进餐结束后进行清扫。

(5) 有计划地组织幼儿开展餐后散步、户外观察等活动。

四、行为指南

(一) 幼儿

1. 餐前

(1) 餐前如厕、洗手。

(2) 摆放好小椅子;值日生帮助教师分发餐具。

(3) 情绪稳定地参与餐前活动。

2. 餐中

(1) 正确使用餐具,坐姿正确,一手扶碗一手拿勺,独立安静地进餐,细嚼慢咽。

(2) 不挑食,不掉饭菜,保持桌面、地面干净,在规定时间内吃完定量食物。

(3) 知道按需添餐。

3. 餐后

(1) 把餐具分类放至规定处,整理桌面,将椅子放好。

(2) 餐后主动漱口、擦嘴。

(3) 值日生帮助教师收拾餐具。

(4) 愿意参加餐后活动。

(二) 主班教师

1. 餐前

(1) 组织幼儿进行一些安静的室内活动或游戏,如讲故事、做手指操、介绍食谱、谈食物的营养等。

(2) 播放轻音乐,为幼儿创设良好的进餐氛围。

2. 餐中

(1) 鼓励幼儿独立进餐,指导幼儿进餐时采用正确的坐姿。

(2) 帮助和指导幼儿正确使用餐具,规范幼儿端饭的姿势,确保进餐中的安全。

(3) 关注幼儿的进餐情况，注意照顾特殊体质的幼儿，提醒幼儿不挑食、不浪费，形成良好的进餐习惯。

3. 餐后

(1) 提醒幼儿进餐后将餐具分类放至指定的位置，并给予指导。

(2) 借助直观形象的步骤图指导幼儿漱口、擦嘴。

(3) 组织幼儿进行餐后活动，了解餐后相关活动的健康常识，如散步等。

(三) 协教或保育教师

1. 餐前

(1) 组织幼儿如厕、洗手；协助组织餐前的安静活动。

(2) 做好餐桌、餐巾的消毒工作。

(3) 穿上分餐服，佩戴帽子，洗净双手。

(4) 饭菜要注意夏季散热，冬季保温，保证幼儿食物的温度适中；把食物放在安全位置，指导值日生分发餐盘和餐巾。

(5) 根据幼儿食量分发汤和饭菜。

2. 餐中

(1) 根据幼儿饭量随时添加，不催食，并关注幼儿的进餐情况，为个别进餐慢(困难)或体弱幼儿提供帮助。

(2) 指导幼儿正确使用餐具并安静地进餐，提醒幼儿保持桌面卫生。

(3) 及时纠正幼儿不良的进餐行为。

(4) 到盥洗室提醒先吃完饭的幼儿漱口。

3. 餐后

(1) 鼓励进餐较慢的幼儿尽快完成午餐。

(2) 指导幼儿正确使用餐巾擦嘴。

(3) 做好幼儿餐巾及漱口杯的清洗消毒工作。

(4) 帮助幼儿收拾整理餐具、餐桌、打扫地面并送餐具到食堂。

(5) 协助主班教师组织幼儿餐后进行安静的游戏活动。

(6) 做好寝室午睡准备。

(四) 保健医生

1. 餐前

(1) 检查保教人员着装、操作是否规范。

(2) 检查幼儿的用餐环境是否适宜。

2. 餐中

(1) 关注幼儿午餐习惯的养成情况。

(2) 观察幼儿对各种食物的喜爱程度。

(3) 检查幼儿饭菜的温度。

(4) 关注主班教师、协教与保育教师的指导是否合适。

3. 餐后

(1) 观察幼儿餐后卫生习惯的养成情况。

(2) 检查保育教师是否在所有幼儿完成进餐后按要求进行清洁、消毒工作。

五、幼儿常见问题与解决策略

幼儿常见问题	解 决 策 略
不会使用勺子吃饭	1. 记录姓名。教师要清楚班级中有哪儿位幼儿不会使用勺子，记录好幼儿姓名及幼儿当天使用勺子的情况，甚至可以贴在班级布告栏中，做到心中有数。 2. 家园共育。教师与家长沟通交流，要求家长与幼儿园达成一致做法。 3. 组织区域练习。在娃娃家、益智区投入喂食游戏的操作材料，锻炼幼儿使用勺子的能力，激发幼儿使用勺子的兴趣，帮助他们增强自信心。 4. 多鼓励、奖励幼儿。当幼儿有进步时，要及时表扬幼儿。
不能独立完成进餐	1. 要求家长配合，在家教幼儿自己进餐。 2. 在园鼓励幼儿正确使用餐具。
依赖他人，不愿自己进食	1. 用幼儿喜欢的角色游戏进行启发诱导，激发幼儿的食欲。如对不愿吃肉的幼儿，教师可用游戏的口吻说："小老虎最爱吃肉了，你看它们吃得多带劲。" 2. 盛饭菜时第一碗要盛得少一点，这样幼儿可以尽快吃完，从而增强幼儿吃饭的信心。

扫描二维码，欣赏小班进餐环节的视频

第二节　中班进餐环节的组织

一、目标定位

1. 不偏食、挑食，不暴饮暴食，喜欢吃瓜果、蔬菜等新鲜食品。
2. 学习使用筷子，能扶着碗喝汤、吃饭。
3. 餐前洗手，餐后擦嘴、漱口。
4. 学习做值日生工作，有序地分发餐具和食物，感受为同伴服务的快乐。
5. 进餐后能分类收拾餐具，清理桌面，正确使用餐巾。
6. 了解不同的进餐方式，初步养成文明进餐的习惯。

二、环境创设

1. 根据中班幼儿的年龄特点制作进餐步骤图，也可以由师幼一起商量、共同制作。
2. 在生活区墙面张贴各种荤菜、素菜的图片并配以简单文字。
3. 在进餐时可以播放一些轻音乐，让幼儿在轻松的氛围中进餐。

图示参考：进餐步骤

餐前洗手快坐好→正确使用餐具，遵守进餐礼仪，安静地进餐→轻放餐具至规定处→把桌面上的残渣收拾干净→餐后主动漱口、擦嘴→摆放好椅子

① 餐前洗手快坐好

② 正确使用餐具，遵守进餐礼仪，安静地进餐

③ 轻放餐具至规定处

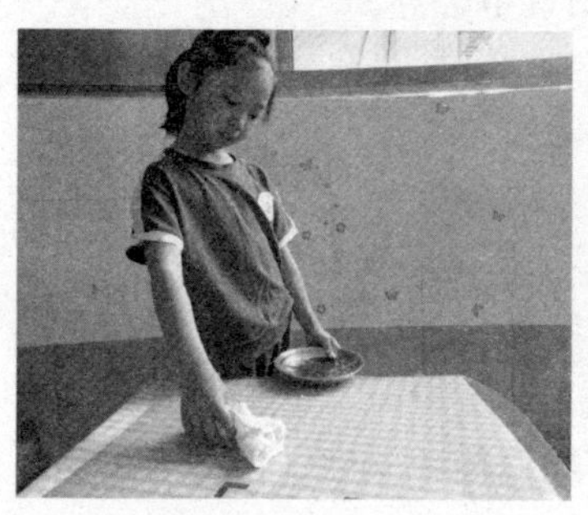

④ 把桌面上的残渣收拾干净

⑤ 餐后主动漱口、擦嘴

三、组织过程

⑥ 摆放好椅子

1. 组织幼儿进行餐前盥洗，提出餐前盥洗的要求。

(1) 教师：小朋友，马上就要进餐了，我们进行餐前盥洗吧。

(2) 组织幼儿有序地去盥洗室如厕和洗手，然后坐回椅子上。

2. 进行餐前活动。

(1) 可让幼儿尝试介绍当天的食谱。

教师：你们知道食堂阿姨今天为你们准备了什么美味菜肴吗？

教师或值日生为幼儿介绍食谱及其营养价值，激发幼儿食欲。

(2) 教师也可组织幼儿进行餐前活动，如做手指游戏、讲故事、听音乐等。

3. 组织幼儿进餐，指导幼儿注意进餐礼仪，关注幼儿的进餐情况。如：拿餐时是否推拉拥挤、打闹；进餐时用餐姿势是否正确，能否保持“四净”，能否把桌面上的食物残渣放入垃圾盘中；需要添饭时，能否到盛饭处有序地排队向教师提出要求。

提醒幼儿在用餐时间内进餐完毕（中、大班幼儿用餐时间应在30分钟内为宜）。巡视指导并观察幼儿的进食量，纠正幼儿不良的进餐习惯，对特殊幼儿给予照顾。

4. 组织幼儿进行餐后活动，并提出餐后活动要求。

（1）值日生帮助教师清理桌面，并检查幼儿是否按要求收拾与整理好自己的餐具。

（2）幼儿自主进行餐后活动（看图书、听故事、进入区域活动等）。

（3）教师根据实际情况鼓励幼儿或向幼儿提出注意事项。

四、行为指南

（一）幼儿

1. 餐前

（1）放好小椅子，有序地如厕、洗手，然后坐回椅子上。

（2）跟着教师做安静的活动，如倾听故事或者轻音乐等。

（3）值日生分发餐具。

2. 餐中

（1）有序地排队端饭。

（2）安静进餐，坐姿正确。

（3）基本保持“四净”（桌面、地面、身上、面部干净）。

（4）细嚼慢咽，不用手抓饭菜，不挑食；爱惜粮食，吃完自己的一份饭菜，不剩饭。

3. 餐后

（1）知道饭后要按正确步骤擦嘴，并把毛巾、碗、勺放到指定的地方，最后放好小椅子，不拖、拉。

（2）跟随老师饭后散步。

（3）能整理桌面，放好椅子，将餐具放到指定位置。

（4）餐后漱口、擦嘴。

(5) 先用完餐的幼儿选择进行安静的活动等待餐点结束。

(二) 主班教师

1. 餐前

(1) 组织幼儿洗手和进行餐前安静活动，提出进餐及礼仪要求等，如打喷嚏、咳嗽的注意事项。

(2) 介绍食谱，激发幼儿进餐的兴趣。

(3) 组织值日生分发餐具。

(4) 分餐时穿上分餐服，佩戴帽子，洗净双手。

2. 餐中

(1) 蹲在幼儿旁，轻声提醒、鼓励进食慢的幼儿进餐。

(2) 培养幼儿良好进餐习惯，指导幼儿正确使用筷子。

(3) 关注幼儿的进餐情况，鼓励体弱的幼儿快乐进餐，让每个幼儿吃饱、吃好。

3. 餐后

(1) 关注未进完餐的幼儿的情况。

(2) 组织幼儿餐后进行安静的游戏活动，了解幼儿的用餐情况，及时向保健医生、炊事员反馈，提出指导意见。

(3) 督促幼儿餐后收拾、漱口和擦嘴。

(三) 协教或保育教师

1. 餐前

(1) 协助主班教师组织幼儿洗手和进行餐前安静活动。

(2) 用温水擦桌子或指导值日生擦桌子。

(3) 根据幼儿的食量科学合理地分汤和饭菜。

(4) 做好饭菜冬季保温、夏季散热的工作，保证幼儿的食物温度适宜。

2. 餐中

(1) 关注幼儿的进餐情况，随时添饭菜和盛汤。

(2) 提醒幼儿保持桌面卫生。

(3) 及时了解幼儿饭菜的温度，并适时提供加热服务。

(4) 关注幼儿的进餐情况，及时提供帮助。鼓励体弱的幼儿快乐进餐，让每个幼儿吃饱、吃好。

(5) 到盥洗室关注个别先吃完的幼儿盥洗。

3. 餐后

(1) 到盥洗室指导幼儿按要求进行盥洗。

(2) 做好餐后清洁、消毒工作。

(3) 协助主班教师组织幼儿餐后进行安静的游戏活动。

(四) 保健医生

1. 餐前

(1) 检查保教人员着装、操作是否规范。

(2) 检查备餐程序是否根据气温变化调整。

(3) 检查幼儿的用餐环境是否适宜。

2. 餐中

(1) 关注幼儿午餐习惯的养成情况。

(2) 了解幼儿对各种食物的喜爱程度。

(3) 检查幼儿饭菜的温度。

(4) 关注主班教师、协教与保育教师的指导是否合适。

3. 餐后

(1) 关注幼儿餐后卫生习惯的养成情况。

(2) 检查保育教师是否在所有幼儿完成进餐后按要求进行清洁、消毒工作。

五、幼儿常见问题与解决策略

幼儿常见问题	解 决 策 略
挑食	1. 合理组织餐前的安静活动，这有助于稳定幼儿情绪，促进食欲。 2. 介绍每日菜谱，激发幼儿食欲的同时帮助幼儿拓展知识经验。 3. 午餐中，坚持进行巡视，随机观察和指导帮助，培养幼儿良好的用餐习惯。多给幼儿鼓励，今天能吃一小口就给予表扬，明天让幼儿争取能再多吃一口，以此循序渐进地帮助个别挑食的幼儿逐渐克服不良习惯。
吃饭慢	1. 争当小老师。教师可以先给吃饭吃得慢的幼儿分饭菜，让他们最先开始吃，并请他们吃完饭后当小老师检查谁吃得最干净。 2. 少盛多添。幼儿对盛饭、添饭很感兴趣，每次添饭都会很自豪，少盛多添能增强幼儿吃完饭的信心。

（续表）

幼儿常见问题	解 决 策 略
不好好吃饭，故意将饭菜撒到桌上或地上	教师可以冷处理，对不好好吃饭的幼儿不予理会，但是当面表扬表现好的幼儿，用拥抱或抚摸来表示对他的喜爱。这样，幼儿便会渐渐明白，自己这样做得不到大家的喜爱，从而加以改正。

第三节　大班进餐环节的组织

一、目标定位

1. 愉快地进餐，不浪费粮食。
2. 吃东西时细嚼慢咽。
3. 能熟练地用筷子吃饭。
4. 餐前自觉洗手，餐后自觉擦嘴、漱口。
5. 饭菜搭配着吃，不暴饮暴食。

二、环境创设

1. 在生活区为幼儿提供相关操作材料，增强幼儿对进餐的兴趣，还可以在进餐区张贴食物的图片以增强幼儿的食欲。

2. 在进餐时可以播放一些轻音乐，让幼儿在轻松的氛围中进餐。

图示参考：进餐步骤

餐前洗手→正确使用餐具，遵守进餐礼仪，安静地进餐→把餐具放至规定处→把桌面上的残渣收拾干净→餐后主动擦嘴、漱口→摆放好椅子

① 餐前洗手

② 正确使用餐具，遵守进餐礼仪，安静地进餐

③ 把餐具放至规定处　　④ 把桌面上的残渣收拾干净

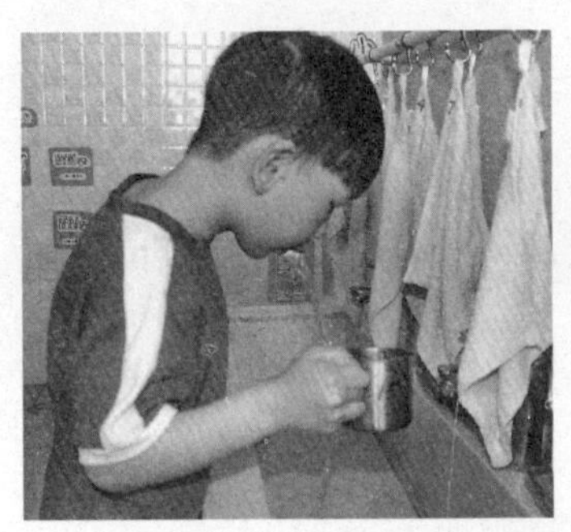

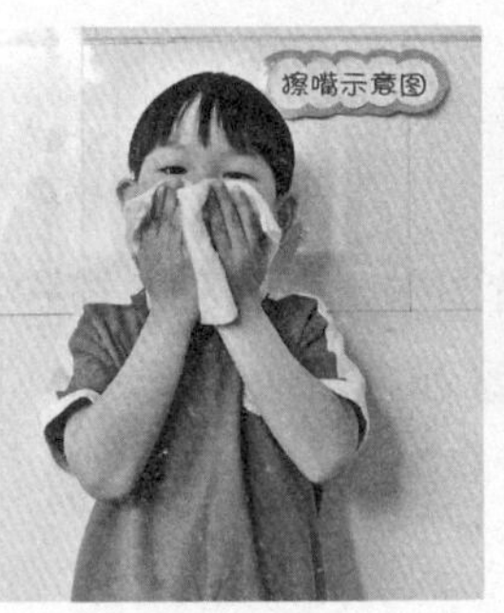

⑤ 餐后主动擦嘴、漱口 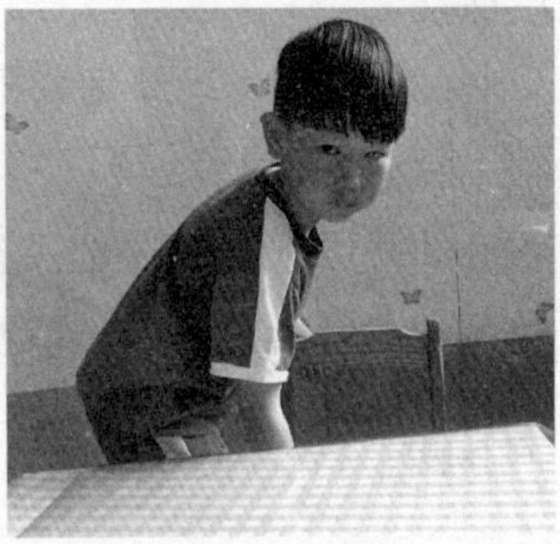　　⑥ 摆放好椅子

三、组织过程

1. 组织幼儿进行餐前准备活动。

(1) 组织幼儿有序地进行盥洗,用正确的步骤洗手并保持地面清洁、干燥。如厕时不争抢,便后能正确使用便纸,会主动冲厕、整理衣物。

(2) 餐前 15 分钟教师带领值日生做好桌面的清洁和消毒工作。

(3) 值日生分发餐具,摆放整齐,轻拿轻放。

(4) 鼓励幼儿用自己喜欢的方式向同伴介绍饭菜及其营养,激发幼儿进餐的欲望。

2. 组织幼儿进餐,指导幼儿注意进餐礼仪,关注幼儿的进餐情况。

(1) 组织幼儿有序地端取饭菜,安静进餐,对挑食、偏食以及暴饮暴食的幼儿给予及时的指导和帮助。

(2) 关注幼儿是否文明用餐。如:进餐时幼儿坐姿是否正确,能否正确使用餐具；进餐时是否专心、不浪费，不暴饮暴食；进餐时能否保持“四净”，把桌面上的食物残渣放入垃圾盘中。

提醒幼儿在用餐时间内进餐完毕（中、大班幼儿用餐时间应在 30 分钟内为宜）。观察幼儿的进食量，纠正幼儿不良的进餐习惯。

(3) 鼓励幼儿身体不适时主动告诉教师，教师根据实际情况及时调整幼儿的进餐量。

3. 组织值日生餐后清理卫生，对值日生提出职责要求。

(1) 教师：值日生用完餐后应该怎么做？

(2) 师幼共同梳理：擦桌子→收捡餐盘→打扫地面卫生（或管理同伴进行餐后活动）。

(3) 幼儿主动整理餐具，收拾食物残渣。

4. 进行餐后活动。

幼儿可根据意愿选择看图书、捏橡皮泥、搭积木等各种活动。教师也可组织幼儿开展餐后散步、户外观察和自由活动。

四、行为指南

(一) 幼儿

1. 餐前

(1) 学做值日生工作，有秩序地分发餐盘，感受为同伴服务的快乐。

(2) 学习介绍餐点内容及其营养。

(3) 自觉排队拿取食物，不推不挤、不争抢。

(4) 餐前有序地如厕并洗手，保持轻松愉快的心情进餐。

2. 餐中

(1) 坐姿正确，熟练使用餐具和餐巾，自己按需拿取食物。

(2) 能安静、自主地用餐，不剩饭、剩菜，不挑食，在规定时间内吃完定量食物。

(3) 遵守用餐礼仪及规则，保持“四净”（桌面、地面、身上、面部干净）。

3. 餐后

(1) 餐后能分类将餐具放到指定位置并清理好桌面。

(2) 正确使用餐巾擦嘴并主动漱口，养成良好的餐后习惯。

(3) 先用完餐的幼儿摆放好小椅子，然后自由、安静地活动等待餐点结束。

(4) 值日生在教师的指导下进行餐后的清洁和整理工作。

(5) 自主选择安静的区域活动。

(二) 主班教师

1. 餐前

(1) 组织幼儿进行餐前安静活动，提出进餐及礼仪要求。

(2) 请值日生分发餐具。

(3) 介绍食谱。可以用猜谜的形式，让幼儿猜猜今天会吃什么；也可以用食物图片和生动的语言为幼儿介绍当天的饭菜。

2. 餐中

(1) 关注幼儿进餐情况，及时提供必要的帮助。

(2) 适时提醒并强调餐中、餐后要求，如吃饭时要细嚼慢咽，不偏食，注意进餐礼仪和坐姿，不高声喧哗等。

(3) 及时给予幼儿鼓励，让幼儿感觉进餐是一件很享受的事情。

(4) 可以播放轻音乐，增强幼儿的食欲。

(5) 指导幼儿如何剥剔食物。

3. 餐后

(1) 提醒幼儿把自己的餐具放在指定的位置，并用正确的步骤漱口、擦嘴、洗手，养成良好的卫生习惯。

(2) 引导幼儿收拾餐具，清理饭菜残渣。

(3) 组织先进完餐的幼儿进行较为安静的活动，如看书、玩手指游戏或欣赏故事等。

(三) 协教或保育教师

1. 餐前

(1) 组织幼儿进行餐前盥洗。

(2) 进行餐桌的消毒工作，准备消好毒的餐巾。

(3) 分餐时，穿上分餐服，佩戴帽子，洗净双手。

(4) 指导值日生擦桌子、分发餐具。

(5) 根据幼儿的食量科学合理地分汤和饭菜。

(6) 做好饭菜冬季保温、夏季散热的工作，保证幼儿的食物温度适宜。

(7) 准备好餐后活动中的物品。

2. 餐中

(1) 关注幼儿的进餐情况，为有需要的幼儿盛饭。

(2) 提醒幼儿保持桌面卫生。

(3) 指导幼儿正确使用餐具，观察他们的进食量，纠正幼儿的不良进餐习惯，及时处理异常情况。

(4) 掌握幼儿的进食情况，及时给幼儿添加饭菜。鼓励食量小的幼儿，控制暴食幼儿，不给幼儿吃汤泡饭。

3. 餐后

(1) 到盥洗室提醒个别先吃完的幼儿漱口、如厕。

(2) 了解幼儿当日的用餐情况，及时向保健医生、炊事员反馈，提出指导意见。

(3) 指导值日生进行餐后的卫生打扫工作。

(4) 清理桌面和地面，清洗餐巾并进行消毒。

(5) 提醒幼儿擦嘴、收椅子。

(6) 组织幼儿进行安静的餐后活动，不进行剧烈活动。

(四) 保健医生

1. 餐前

(1) 检查保教人员着装、操作是否规范。

(2) 检查幼儿的用餐环境是否适宜。

2. 餐中

(1) 关注幼儿是否有良好的进餐习惯。

(2) 关注教师的指导是否合适。

3. 餐后

(1) 关注幼儿餐后卫生习惯的养成情况。

(2) 检查保育教师是否在所有幼儿完成进餐后按要求进行清洁、消毒工作。

五、幼儿常见问题与解决策略

幼儿常见问题	解 决 策 略
边吃边大声说话	幼儿在吃饭时可以小声交流，但前提是不能停止吃饭，不能影响、妨碍其他幼儿进餐，不能破坏整个进餐活动。
吃饭速度过快	1. 教师不能在幼儿进餐时催促。 2. 教师要告诉幼儿吃饭过快的坏处：容易导致超量进食，从而引起肥胖；容易噎着；容易造成消化不良，进而可能导致营养不良。 3. 奖励 30 分钟左右完成进餐的幼儿第二天做值日生。

第四章

饮水环节的组织

水对于人类来说是非常重要的，因为水是人体体液的主要成分，也是机体最重要的代谢物质之一。水能调节体温，保护身体器官，帮助人体排出废弃物。缺水时，除感到口渴外，还会出现皮肤干燥、唇裂、无力、尿少、头晕、头痛等现象，严重时还会出现发热、烦躁不安等症状。过量饮水会导致人体盐分过度流失，会出现头昏眼花、虚弱无力、心跳加快等症状。

幼儿正处在生长发育阶段，他们更需要每天保证充足的饮水量，《指南》在健康领域中指出要帮助幼儿养成良好的饮食习惯，多喝白开水。为了保证幼儿健康，教师每天要准备充足的、符合国家《生活饮用水卫生标准》的、温度适宜的饮用水供幼儿饮用；引导幼儿掌握正确的饮水方法，合理安排幼儿一天的饮水时间、饮水次数（保证每天上午、下午各三到四次集中饮水）及饮水量（3—6 岁幼儿饮水量为 100—150 毫升/次），保证幼儿按需饮水。

饮水是生活活动其中一项，饮水环节虽只有短短的几分钟，但良好的饮水环节却关系到幼儿的健康发展，关系到幼儿是否能够适应幼儿园的一日生活，因此如何让幼儿养成良好的饮水习惯——适时、适量、主动地饮白开水是我们一直探索并研究的问题。《指南》中建议“让幼儿保持有规律的生活，帮助幼儿养成良好的饮食习惯”，要求“3—4 岁幼儿能够愿意饮用白开水，不贪喝饮料”，“4—5 岁幼儿能常喝白开水，不贪喝饮料”，“5—6 岁幼儿能主动饮用白开水，不贪喝饮料”。我们根据幼儿发展情况，对不同年龄层幼儿在饮水环节提出要求：小班幼儿能自觉、独立取自己的水杯饮水，喜欢喝白开水，能安静有序地饮水；中、大班幼儿养成主动饮水的习惯，能记录自己饮水的次数。鉴于《指南》的要求和建议及幼儿的实际情况，我们提倡灵活多变地把讲故事、唱儿歌、做游戏、情景表演等活动融入饮水环节之中，这样更有益于饮水环节有序、有趣地开展，帮助幼儿养成良好的生活习惯。

在饮水环节，教师需要根据季节酌情调整幼儿的饮水量，鼓励幼儿根据自己的需求主动饮水，随时饮水；要根据小、中、大班幼儿的年龄特点，采取不同的教育策略，指导和帮助幼儿养成主动饮水的良好习惯。培养幼儿良好的饮水习惯是教师重要的任务，也是义不容辞的责任。

第一节 小班饮水环节的组织

一、目标定位

1. 愿意喝白开水，不贪喝饮料，懂得不能喝生水。
2. 逐渐养成主动饮水的习惯，饮水时不洒水、不猛喝。
3. 在接水、饮水的过程中学会取放及正确使用水杯。
4. 人多时学会排队等候，有序、轮流地接水、饮水。
5. 在教师的提醒下学会节约用水。

二、环境创设

1. 张贴小象喷水图、小鱼吐水泡图等有趣的图片，以激发幼儿主动喝水的兴趣。

2. 张贴生动有趣的图片随时提醒幼儿在园饮水的时间段及饮水时的步骤。

3. 制作适合幼儿操作的饮水记录表。

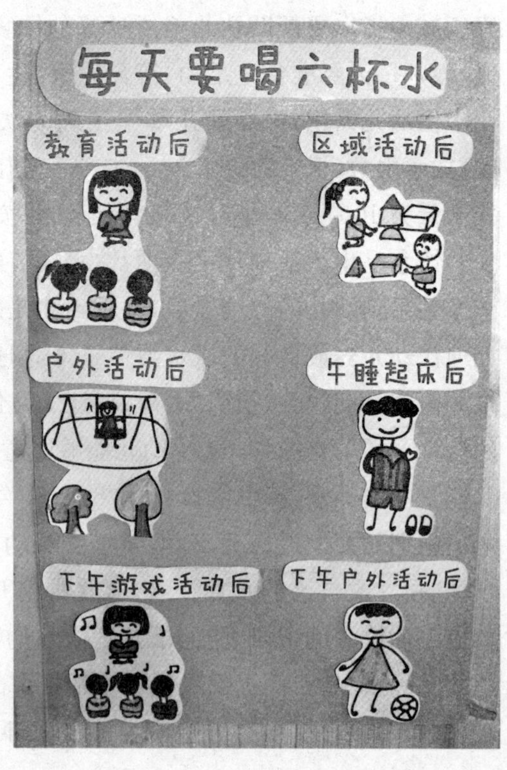

图示参考1：每天要喝六杯水

图示参考 2：饮水步骤

有序地取水杯→按需、按量接水→找到适宜的位置饮水→将水杯放回原处→做好饮水记录

图示参考 3：今天你喝水了吗?

三、组织过程

1. 提醒幼儿饮水，明确饮水要求。

(1) 教师：大家一起喝水时，要怎么做？

(2) 师幼共同梳理：有序地取水杯→按需、按量接水→找到适宜的位置饮水→将水杯放回原处→做好饮水记录。

2. 幼儿自主饮水时，教师巡回观察，关注幼儿的饮水量和相应的行为习惯。如：人多时是否排队饮水，不推挤；接水是否适量，不贪多也不求少；是否注意节约用水；喝完是否做记录……

3. 适时与幼儿交流饮水的情况，巩固良好行为，纠正不良行为。

教师：刚才你喝水了吗？喝了多少？喝水时是怎么做的？

教师根据现场实际情况或鼓励或提出注意事项，让好的做法变成共享经验，让不好的行为逐步得以纠正。

4. 师幼共同收拾场地，开始下一个活动。

四、行为指南

(一) 幼儿

1. 饮水前

(1) 在教师的指导下用正确的方法洗手。

(2) 愿意喝白开水，能正确区分和取出自己的水杯。

(3) 人多时会排队等待。

2. 饮水中

(1) 在教师提醒下按量接水、饮水，不洒水，不饮生水。

(2) 在教师提醒下知道节约用水。

(3) 在教师提醒下按标识提示在适宜的位置饮水。

3. 饮水后

(1) 在教师提醒下，将水杯柄朝外放回原处。

(2) 饮水后在教师指导下做好记录。

(二) 主班教师

1. 饮水前

(1) 为幼儿提供可以随时饮水的条件，引导幼儿在学习与游戏的过程中，根据自己的需要饮水。

(2) 提醒幼儿饮水前洗手。

(3) 提醒幼儿取自己的水杯按需适量接水。

(4) 利用生活契机或专门的教育活动，帮助幼儿了解喝白开水的好处，循序渐进地引导幼儿养成喝白开水的习惯。

(5) 抓住幼儿因不常饮水而嗓子疼、长口疮等契机，直观地加以引导，让幼儿感知饮水的好处。

(6) 帮助幼儿建立有序饮水的常规。

(7) 用不同标记或图案标识出幼儿取放水杯和接水的位置。

2. 饮水中

(1) 营造温馨的饮水氛围。

(2) 观察幼儿端杯、饮水的情况，发现问题及时采用适宜的方法介入。

(3) 关注每名幼儿的饮水量，根据不同的季节、气候、活动以及幼儿个体需要，灵活地提醒幼儿饮水。如幼儿有特殊情况，应给予其特殊照顾。

(4) 指导幼儿接水时眼睛看着杯子；关注每名幼儿的饮水量(小班幼儿 50—100 毫升/次)。

(5) 提醒幼儿在饮水前，用眼睛看一看水有没有热气，用小手摸一摸水杯外壁，用嘴巴轻轻贴水试一试，关注水的温度是否适宜，确保幼儿饮水安全。

(6) 指导协教或保育教师做好饮水时的护理工作。

3. 饮水后

(1) 提醒幼儿将水杯柄朝外放回原处。

(2) 用多种生动有趣的图案、便于记录的形式引导幼儿观察、记录自己的饮水量。

(3) 提醒喝完水的幼儿进行下一环节的活动。

(三) 协教或保育教师

1. 饮水前

(1) 提前对幼儿水杯进行高温消毒，并整齐有序地摆放在水杯架子上(可以用幼儿照片、编号等在水杯架上做标记)。

(2) 检查水杯位置是否方便幼儿自己取放，饮水器位置是否方便幼儿接水。

(3) 根据季节准备温度适宜的饮用水(春夏凉开水、秋冬温开水)。

(4) 组织幼儿有序洗手、取水杯、接水，必要时予以提醒或帮助。

2. 饮水中

（1）帮助不会自己接水的幼儿。

（2）提醒幼儿按量饮水，饮水时提醒幼儿不要拥挤、打闹或将鼻子伸入水杯中，否则会有摔倒、呛水的危险。

（3）巡回观察幼儿饮水的情况，及时提醒打闹的幼儿停止打闹，提醒拿着水杯离开饮水区的幼儿回到饮水区。

（4）重点关照体弱幼儿。

（5）及时擦拭洒到地上的水，避免幼儿摔跤。

3. 饮水后

（1）提醒幼儿水杯柄朝外摆放水杯。

（2）查看饮水器内剩余水量及水温，并及时补充饮用水。

（3）确保饮水的地面干燥，关注幼儿的衣服是否有水迹，必要时应更换晾晒。

（四）保健医生

1. 检查饮水用具的准备情况，提醒保育教师注意饮水器的水温及水量。

2. 观察幼儿的饮水量，提醒饮水量较少的幼儿及时补充水分。

五、幼儿常见问题与解决策略

幼儿常见问题	解决策略
不适应用水杯饮水，使用水杯有困难	1. 入园初期，教师要理解和接纳幼儿原有的饮水习惯，暂时允许使用水杯有困难的幼儿使用奶瓶等饮水用具。 2. 对于个别不会用水杯的幼儿，教师要多加关注，通过示范、加强练习等方法引导幼儿学习正确使用水杯，帮助他们逐渐过渡到用水杯饮水。
不愿意喝白开水	1. 教师通过游戏化的方式或饮水记录图，引导幼儿喝白开水。在饮水环节，教师可以用游戏的口吻，如“给小鱼缸加水”“干杯”“给小汽车加油”等，鼓励小班幼儿多饮水。 2. 用多种生动有趣、便于记录的形式，如幼儿喝一杯水，就给他在喝水的记录表上插一根彩色小棍，提示幼儿彼此关注，使幼儿相互影响。
水接得过多、过满	通过示范、图示引导等方法帮助幼儿明确接水量。如创设情景教学“小杯子的话”，给装着不同水量的三个杯子贴上对应的表情脸，直观地告诉幼儿“杯子里的水太少或太满都不好”，提醒幼儿“每次要喝适量的水，才是笑脸娃娃”。

第二节 中班饮水环节的组织

一、目标定位

1. 提醒幼儿自主喝白开水，不喝生水，少喝饮料，养成常喝白开水的好习惯。

2. 在接水、饮水的过程中会正确取放及正确使用水杯。

3. 人多时会排队等候，有序、轮流接水、饮水。

4. 饮水中不打闹，不影响他人饮水。

5. 知道饮水对身体健康有益，在特殊情况下（感冒、喉咙发炎等）能及时饮水，并在教师的指导下适量多饮水。

6. 把接的水喝完，懂得节约用水。

二、环境创设

1. 教师可以根据中班幼儿的年龄特点，使用简单的图片加文字提醒幼儿自主饮水。

2. 幼儿与教师共同制作饮水记录表，为幼儿自主饮水增添乐趣。

图示参考 1：温馨提示

图示参考 2：饮水步骤（见小班饮水步骤及图示参考，注意中班幼儿的年龄特征）

三、组织过程

1. 明确饮水时间，提醒幼儿自主饮水。

（1）教师：在幼儿园里小朋友们应该什么时候喝水呢？

（2）师幼共同梳理：学习活动后、区域活动后、户外活动后、午睡起床后、游戏活动后及口渴的时候要自主地去饮水。

2. 幼儿自主饮水时，教师巡回观察，关注幼儿的饮水量和相应行为习惯。如：人多时是否排队饮水，不推挤；接完水的幼儿是否在适宜的位置饮水，不影响其他人接水；是否注意节约用水；喝完是否做记录……

3. 适时与幼儿交流饮水情况，巩固良好行为，纠正不良行为。可提问如：你喝水的时候人多吗？你是排队接水的吗？接完水后你是站在什么地方喝的水？

教师根据现场实际情况或鼓励或提出注意事项，让好的做法变成共享经验，让不好的行为得以纠正。

4. 师幼共同收拾场地，开始下一个活动。

四、行为指南

(一) 幼儿

1. 饮水前

(1) 在教师提醒下洗手、擦手。

(2) 准确取出自己的水杯。

(3) 人多时主动排队等候。

2. 饮水中

(1) 能按量接水、饮水，不洒水，不饮生水。

(2) 站在适宜的位置饮水并能把自己接的水喝完。

(3) 不大声喧哗，不打闹，不影响他人饮水。

3. 饮水后

(1) 将水杯放回原处。

(2) 操作饮水记录表。

(二) 主班教师

1. 饮水前

(1) 创设饮水区和等候区并用标记作明显区分。师幼共同商讨饮水环节常规，制作“饮水区”“等待接水线”等标志。

(2) 不限制饮水量和饮水次数，引导幼儿在学习与游戏中，根据自己的需要自主饮水。

(3) 提醒幼儿按需适量接水，人多时自主排队等候。

(4) 用游戏、故事、实验等形式让幼儿了解喝白开水对健康有哪些好处。

2. 饮水中

(1) 营造温馨的饮水氛围，允许幼儿间轻声交流。

(2) 提醒接完水的幼儿站在适宜的位置饮水，不影响其他接水的幼儿。

(3) 提醒幼儿接水时用杯子接住水，喝多少接多少，不浪费水。

(4) 关注每名幼儿的饮水量(中班幼儿 100—120 毫升/次)，根据不同的季节、气候、活动以及幼儿个体需要，灵活地提醒幼儿饮水。

(5) 特殊情况给予特殊照顾，适当增加幼儿的饮水量。

(6) 指导协教或保育教师做好饮水时的护理工作。

3. 饮水后

(1) 提醒幼儿操作饮水记录表。

(2) 组织幼儿进行下一环节的活动。

(三) 协教或保育教师

1. 饮水前

(1) 提前对幼儿的水杯进行高温消毒，并整齐有序地摆放在水杯架子上(可以用幼儿姓名、编号等在水杯架上做标记)。

(2) 检查水杯位置是否方便幼儿自己取放，饮水器位置是否方便幼儿接水。

(3) 根据季节准备温度适宜的饮用水(春夏凉开水、秋冬温开水)。

(4) 观察幼儿有序洗手、取水杯、接水的情况，必要时予以提醒或帮助。

2. 饮水中

(1) 关注每名幼儿的饮水情况，提醒个别感冒及不爱饮水的幼儿多饮水。

(2) 巡回观察幼儿饮水情况，提醒打闹的幼儿停止打闹，提醒拿着水杯离开饮水区的幼儿回到饮水区。

(3) 重点关照体弱儿。

(4) 及时擦拭洒到地上的水，避免幼儿摔跤。

3. 饮水后

(1) 提醒幼儿正确摆放水杯。

(2) 清理地面。

(3) 查看饮水器内剩余水量及水温，并及时补充饮用水。

(四) 保健医生

1. 巡视幼儿饮水环节，提醒幼儿多饮水。

2. 教育幼儿少喝饮料，多喝白开水。

3. 关注幼儿是否按正确的方法饮水。

4. 检查饮水用具的准备情况，提醒保育教师注意饮水器的水温及水量。

五、幼儿常见问题与解决策略

幼儿常见问题	解 决 策 略
主动饮水的意识不够	1. 利用讲故事、做实验等形式帮助幼儿了解饮水的重要性，提高主动饮水的意识。 2. 在自然角让幼儿观察浇水充分的植物和缺水植物不同的生长情况，唤起幼儿观察植物生长的好奇心，同时让他们真切地体验到水的重要性。
饮水时喜欢边喝边玩、边喝边大声聊天	建立良好的饮水常规，确保幼儿饮水时讲规矩、守秩序。教师可与幼儿共同讨论饮水环节的常规，让幼儿知道饮水时大声说话容易呛到，不安全。
不能根据自身情况主动饮水，需要在教师提醒下勉强饮水	创设良好的环境，如制作和张贴“饮水时间段及饮水量提示图”“饮水记录表”等，提醒幼儿根据需要自主饮水，把控饮水量。

扫描二维码，欣赏中班饮水环节的视频

第三节　大班饮水环节的组织

一、目标定位

1. 喜欢喝白开水，逐渐养成多喝白开水的生活习惯。

2. 喝多少接多少，保证饮水量，自觉节约用水。

3. 懂得饭前饭后及运动后不大量饮水，知道出汗多要饮水，感冒发热要多饮水，不喝过冷、过烫的水，不暴饮。

4. 主动参与饮水区的环境卫生工作，养成维护环境整洁的习惯。

二、环境创设

随着大班幼儿识字量增多，可逐渐增加图片中文字的数量，这对于幼儿是一种挑战，教师要在帮助幼儿认读的过程中提醒幼儿主动、有序地饮水。

图示参考 1：今天你喝水了吗？

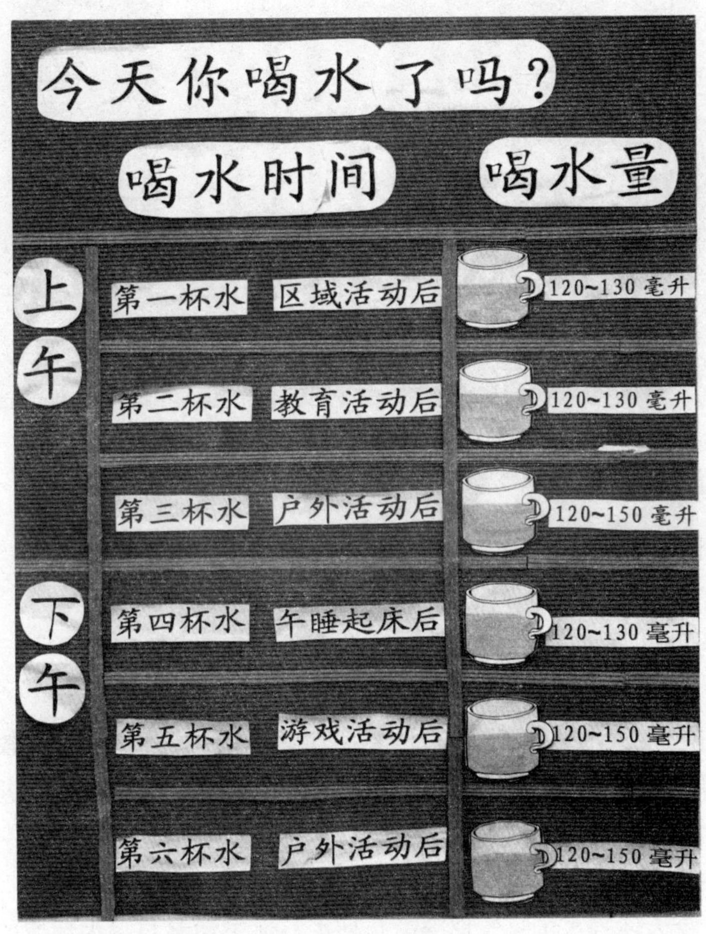

图示参考 2：饮水步骤（见小班饮水步骤及图示参考，注意大班幼儿的年龄特征，调动大班幼儿喝水的积极性）

图示参考 3：我会做记录

三、组织过程

1. 幼儿根据自己的需要主动、及时地饮水。

教师：小朋友们，你们口渴时，可以自己去喝水。

2. 引导幼儿自主推选喝水管理员，支持幼儿进行自我管理。

教师：今天谁愿意做喝水管理员呢？

3. 幼儿自主饮水时，喝水管理员要关注幼儿饮水的情况，保育教师也要加以观察指导。如：提醒幼儿主动排队饮水，不拥挤；提醒饮好水的幼儿离开饮水区；提醒幼儿注意节约用水，喝完做记录……

4. 适时与幼儿交流饮水情况，巩固良好行为，纠正不良行为。

教师：今天你喝水了吗？你喝了几杯水？你主动参与喝水环节的清洁卫生工作了吗？

教师：喝水管理员，你在管理中发现了什么问题？需要帮助吗？

教师根据现场实际情况或鼓励或提出注意事项，让好的做法变成共享经验，让不好的行为得以纠正。

5. 师幼共同收拾场地，开始下一个活动。

四、行为指南

(一) 幼儿

1. 饮水前

(1) 饮水前自主洗手、擦手。

(2) 自主、熟练取水杯。

(3) 人多时，自主排队等候。

2. 饮水中

(1) 喝多少接多少，自觉节约用水。

(2) 按图示站在适宜的位置饮水。

(3) 在特殊情况下及时饮水，并适量多饮水。

3. 饮水后

(1) 自主、熟练地放回水杯。

(2) 如果把水泼到身上或洒在地上时要自主更换衣服、擦干地面。

(3) 做好饮水记录。

(二) 主班教师

1. 饮水前

(1) 提供宽松自由的饮水条件，允许幼儿在学习与游戏的过程中，根据自己的需要主动、及时饮水。

(2) 师幼共同商讨、制订饮水环节常规；教师要引导幼儿进行自我服务和自我管理，如请饮水管理员负责管理幼儿的饮水活动等。

(3) 提醒幼儿主动饮水，尤其在口渴时，有上火症状时，感冒、发烧、咳嗽时多饮水。

(4) 引导幼儿关注自己小便的颜色，小便黄时要主动多饮水。

2. 饮水中

(1) 营造宽松自主的饮水氛围，允许幼儿间轻声交流。

(2) 关注每位幼儿的饮水量，提醒幼儿节约用水。

(3) 鼓励幼儿之间进行同伴互助，相互提醒，保证适宜的饮水量(大班幼儿120—150 毫升/次)。

(4) 指导协教或保育教师做好饮水时的护理工作。

3. 饮水后

(1) 提醒幼儿做好饮水记录。

(2) 组织幼儿进行下一个活动。

(三) 协教或保育教师

1. 饮水前

(1) 提前对幼儿的水杯进行高温消毒,并整齐有序地摆放在水杯架子上(可以用幼儿姓名、编号等在水杯架上做标记)。

(2) 检查水杯位置是否方便幼儿自己取放,饮水器位置是否方便幼儿接水。

(3) 根据季节准备温度适宜的饮用水(春夏凉开水、秋冬温开水)。

(4) 观察幼儿有序洗手、取水杯、接水的情况,必要时予以提醒。

2. 饮水中

(1) 提醒幼儿自觉排队、节约用水。

(2) 关注幼儿饮水的情况,及时提醒和引导聊天、打闹、拿着水杯离开饮水区的幼儿,并表扬安静、有序饮水的幼儿。

(3) 关注每名幼儿的饮水情况,提醒有特殊情况的幼儿适当多饮水。

(4) 重点关照体弱儿。

3. 饮水后

(1) 确保饮水场地地面干净。

(2) 提醒饮水管理员关注幼儿饮水后放置杯子的情况。

(四) 保健医生

1. 告诉幼儿白开水是最好的饮料。

2. 告诉幼儿哪些时间段需要补充水分。

3. 检查饮水用具的准备情况,提醒保育教师注意饮水器的水温及水量。

五、幼儿常见问题与解决策略

幼儿常见问题	解决策略
主动饮水的意识不够,口渴了才饮水	通过多种有趣的活动和生活中的实际体验引导幼儿了解饮水的必要性和益处,提醒幼儿主动饮水,在一日生活中允许幼儿随时饮水,并提醒幼儿依照规定的饮水时间及饮水量按时、按量饮水。

（续表）

幼儿常见问题	解　决　策　略
饮水时与同伴打闹	与幼儿共同商讨饮水常规，如人多时排队等候，饮水时不影响他人等，并推选饮水管理员负责落实饮水时的常规。
健康意识较差，不能根据自己身体的状况调整饮水量	1. 告诉幼儿在特殊情况下需要多饮水，增强幼儿的健康意识，有上火症状时，感冒、发烧、咳嗽时需要调整饮水量。 2. 与幼儿共同讨论，确定一日饮水时间、次数和饮水量，并在班级环境中通过图示和简单文字加以提示。

第五章

如厕环节的组织

如厕是幼儿园一日活动中一个重要的生活环节，它能反映幼儿最基本的生活自理能力和卫生习惯。幼儿时期是人生的起点，也是生理和心理迅速、连续发展的时期，具有巨大的潜力和无限的可能性，培养幼儿的如厕能力对他们行为习惯的养成和心智发展有重要的意义。

幼儿入园后，他们的生活场景发生了变化，这对他们心理上产生了一定的压力，且园内的如厕方式及如厕器具与幼儿家中不同，幼儿难以适应，而在家中家长也难免经常包办代替，导致幼儿自主如厕训练不够，所以对大多数幼儿来说，在园如厕就成了一个大挑战。

一直以来，一些幼儿园过度重视幼儿的学习活动，而忽略了幼儿的生活活动，没有对生活活动的作用和意义引起足够的重视。幼儿园要通过生活活动培养幼儿如厕的能力，这不仅有益于增进其生活自理能力，对幼儿的智力、情感、独立性、克服困难的能力等也都有积极作用。教师要为幼儿创设轻松的如厕环境，要采取适应不同年龄段幼儿的教育策略，帮助幼儿学会正确的如厕方法，养成主动如厕、独立如厕、卫生如厕的良好习惯，加强他们的自我服务能力。如厕有两种形式，一种是集体如厕，着重培养幼儿按时如厕的好习惯。幼儿在园每天有九次集体如厕的时间，具体安排在上午和下午的户外活动前后、集体教学前后、午餐前、午睡前和离园活动前。第二种是幼儿根据个体的需求随时如厕，着重培养幼儿的自主意识和自我管理能力。

对不同年龄阶段的幼儿，如厕环节的要求也不同。小班幼儿有便意时能告诉教师（或自己如厕），在教师帮助下掌握脱裤子、擦屁股、提裤子的正确方法。中班幼儿学会定时大小便，学会擦屁股，遇到困难会大胆、主动地向教师寻求帮助，并能主动、安静、有序地如厕；如厕后知道洗手，在教师提醒

下会自己整理衣服。大班幼儿养成定时大小便及便后正确洗手的良好习惯，自觉、有序地如厕；大便后会正确使用卫生纸，知道从前往后擦，养成便后冲水的习惯；能自己整理衣裤，能观察便液颜色判断自己是否缺水，并能及时补充水分。

总之，教师要根据幼儿不同年龄段的特点，通过多样化的手段教幼儿学习如厕的方法，培养幼儿如厕的能力，同时注重提升如厕安全管理，促进幼儿身心健康和谐发展。

第一节　小班如厕环节的组织

一、目标定位

1. 知道及时排便对身体有益，有便意时告知成人或自己如厕。
2. 在教师提醒下，能安静有序地如厕。
3. 在教师帮助下会自己脱裤子、提裤子。
4. 知道便后要擦屁股，会主动向教师提出请求，学习便后正确的洗手方法。
5. 知道如厕时不要玩耍，要注意安全。

二、环境创设

如厕环境除了应卫生整洁外，还需创设一个温馨、多元、富有教育意义、能与幼儿“对话”的如厕环境，这样不仅会让幼儿在如厕时感到愉悦，更能促使幼儿在与环境的互动中积极、主动地发展。

1. 由于刚入园，小班幼儿不明确如厕的正确要求，因此教师可以将正确的如厕步骤图张贴在幼儿如厕时能看到的墙面上。在幼儿如厕时，引导幼儿注意如厕步骤，帮助幼儿掌握正确的如厕方法。

2. 在便池区，可以运用生动形象的图片或标记对男女便池进行区分，如用“小裙子”等图标代表女孩，用“小领结”等图标代表男孩。

3. 为了帮助幼儿不把小便尿到便池外，可在便池内贴上“雨伞”“火苗”等图标，让幼儿瞄准图标小便。

4. 在需要排队等待的区域，用小脚印提示幼儿按序排队，耐心等待，帮助幼儿养成有序如厕的习惯。

图示参考1：幼儿(男)站在小脚丫图标上如厕，其他幼儿在地标线后面排队等待

图示参考2：幼儿(女)踩在小脚丫图标上如厕

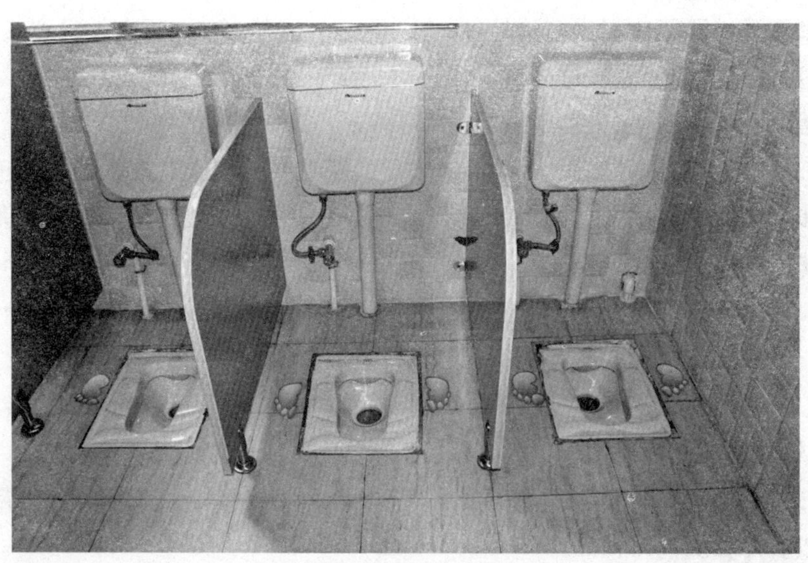

图示参考3：地标线内为幼儿等待区域

图示参考4：如厕步骤

排排队→脱裤子→上厕所→提裤子→冲冲水→洗洗手

图示参考5：擦屁股步骤

取适量纸→对折纸巾→找到小屁屁→擦擦小屁屁→对折纸巾，再擦擦→把纸巾扔进垃圾桶

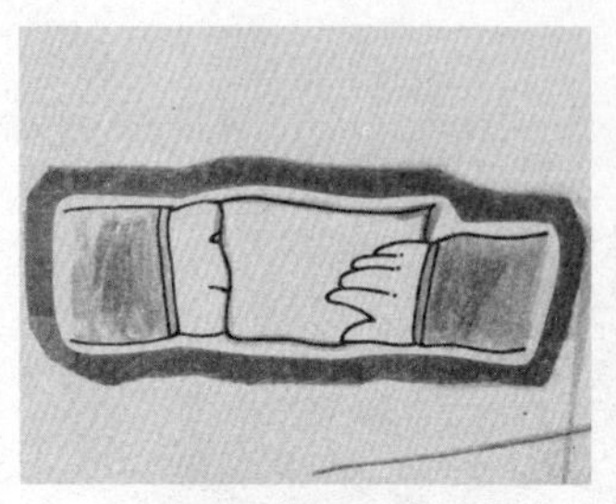
① 取适量纸

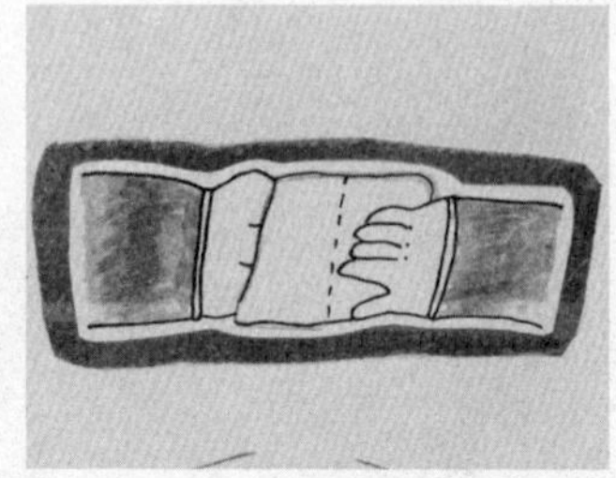
② 对折纸巾

③ 找到小屁屁

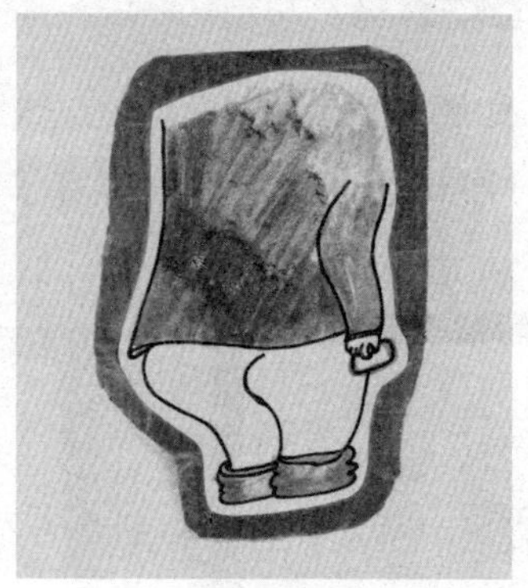
④ 擦擦小屁屁

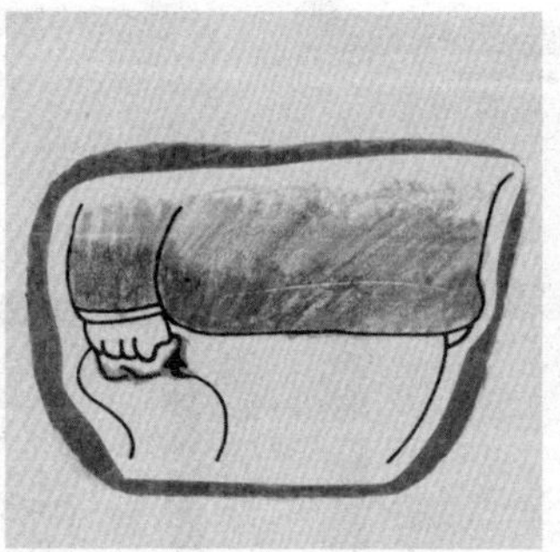
⑤ 对折纸巾，再擦擦

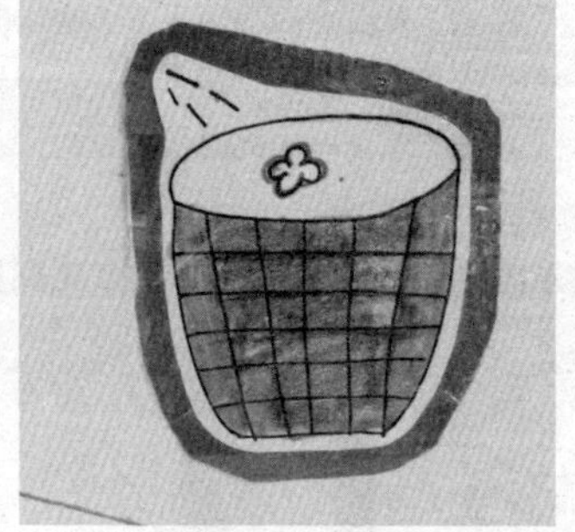
⑥ 把纸巾扔进垃圾桶

三、组织过程

1. 组织幼儿有序排队进入盥洗室，按图标提示站在适宜的位置，并提出如

厕要求。

(1) 教师：大家一起上厕所时，我们应该怎样做呀？还要注意什么？（不争抢、不打闹，要排队等待）

(2) 师幼共同梳理如厕流程：排排队→脱裤子→上厕所→提裤子→冲冲水→洗洗手。

(3) 初入园时，教师要带领幼儿参观盥洗室，让幼儿熟悉这是大小便的地方；引导幼儿分清男女便池，指导男孩、女孩用不一样的方法小便。

2. 分别请男孩和女孩上厕所，教师根据现场实际情况鼓励及提出注意事项。

(1) 男孩如厕：告诉幼儿不要离小便池太近，以免弄脏裤子；小便的时候肚子向前倾，不将尿排在小便池外，应对准小便池内的小便标志。

(2) 女孩如厕：要取适量卫生纸；蹲便时两脚放在便池两边的脚印标志上；要将裤子脱低一些，一只手扶好栏杆，另一只手托住裤子裤裆，避免尿液滴到裤子上。

3. 教师巡回观察，关注幼儿如厕过程，保证幼儿的安全。

(1) 指导幼儿脱、提裤子，便后冲厕所，洗手。

(2) 提醒幼儿不要将尿排在便池外，注意如厕安全。

(3) 关注能力弱的幼儿，帮助他们擦屁股。

4. 组织幼儿安静、有序地离开盥洗室，进入下一个活动。

四、行为指南

(一) 幼儿

1. 如厕前

(1) 有尿意要及时去解决，不憋尿，不紧张，不拒绝。

(2) 在教师的指导下排队，有序地进入盥洗室，能按图标提示站在适宜的位置上。

2. 如厕中

(1) 找符合自己性别的便池大小便。

(2) 冬天衣服较厚时会主动寻求教师的帮助，脱裤子、提裤子。

(3) 在教师的指导下学着使用卫生纸擦屁股。

3. 如厕后

(1) 如不会擦屁股，要主动请教师帮忙。

(2) 在教师的指导下,学习便后冲一冲,并用正确的方法洗手。

(3) 在教师的提醒下知道如厕后不在厕所逗留、玩耍,注意安全。

(二) 主班教师

1. 如厕前

(1) 引导幼儿分组进入盥洗室,培养幼儿有序如厕,不推挤。

(2) 耐心引导和及时帮助憋便、尿床、尿频的幼儿;态度和蔼地安抚尿湿裤子的幼儿,消除他们的紧张和不安情绪。

(3) 教师根据班级活动的需要和幼儿的个别需求,合理、灵活地安排如厕时间,同时也要允许幼儿在他们有需要时及时如厕,鼓励幼儿有序如厕或错时如厕,不硬性要求幼儿统一如厕。

2. 如厕中

(1) 根据盥洗室内的幼儿人数,适时引导幼儿进入盥洗室。

(2) 引导幼儿蹲便时两脚踩在便池两边的脚印上。

(3) 指导幼儿学会自己如厕,掌握便后擦屁股、整理衣裤的方法。

(4) 提醒幼儿把裤子整理好后,再用正确的方式如厕,不把尿洒在裤子上和便池外。

(5) 引导等待的幼儿观看如厕步骤图。

(6) 及时处理幼儿如厕的异常情况。

3. 如厕后

(1) 观察、(冬季)帮助幼儿束裤子,用游戏的方式引导幼儿自己整理衣裤,避免着凉。

(2) 观察幼儿大小便情况,注意是否有异常。

(3) 记录好幼儿排便情况。

(4) 提醒幼儿不要在厕所逗留、玩耍,帮助或指导幼儿便后及时冲厕所并用肥皂把手洗干净,然后进入教室开始下一个环节。

(三) 协教或保育教师

1. 如厕前

(1) 保持盥洗室地面干燥、空气流通,保持便池洁净、无异味,为幼儿营造宽松、清洁的如厕环境。

(2) 检查厕所器具是否干净、安全。

(3) 准备好足量的卫生纸,放在固定的地方方便幼儿取用。

(4) 辅助主班教师组织幼儿排队如厕。

2. 如厕中

(1) 站位合理,保证幼儿在教师的视线范围内。

(2) 及时处理便池的尿液,保证便池干净。

(3) 帮助能力弱的幼儿擦屁股。

(4) 帮助幼儿脱、提裤子。

3. 如厕后

(1) 提醒幼儿提起裤子后再离开,避免摔跤。

(2) 观察幼儿大小便是否有异常。

(3) 提醒幼儿便后冲水、整理衣裤、洗手。

(4) 及时清理便池和地面的水迹,保持地面干净无水,避免幼儿滑倒或者摔伤。

(5) 每天下班前对盥洗室进行彻底的清洁和消毒。

(四) 保健医生

1. 检查厕所器具是否干净、安全,厕所是否进行清洁和消毒。

2. 检查班级教师照料是否到位,提供的如厕用品(如卫生纸)是否齐全。

3. 检查班级教师是否有根据幼儿的能力适当为幼儿提供自理的机会。

4. 关注班级教师是否及时发现幼儿大小便的异常情况。

五、幼儿常见问题与解决策略

幼儿常见问题	解　决　策　略
不愿在幼儿园上厕所	1. 引导幼儿认识厕所环境,介绍男孩、女孩的如厕方式及安全使用器具的方法,其次帮助他们掌握正确的大小便姿势。 2. 家园配合,要求一致。要通过与家长交谈、问卷调查等方式,了解幼儿在家的大小便规律,并主动告知幼儿在园的情况,争取家长最大的支持与配合。 3. 引导家长了解幼儿的生理特点以及培养幼儿独立穿脱衣服的重要性,让家长耐心地等待幼儿自己穿衣,尽量保证幼儿在园和在家生活规律的一致性,切忌包办。久而久之,幼儿就会习惯在幼儿园大小便了。

（续表）

幼儿常见问题	解 决 策 略
不敢小便，不会小便，尿裤子	教师须对症下药，对贪玩忘记上厕所的幼儿，要及时提醒他上厕所；对情绪紧张的幼儿，要多跟他亲近，多与他说话或抱抱，亲亲他，消除他的紧张情绪；对不会脱裤子的幼儿，要提醒家长给幼儿穿宽松的衣服，还要帮助幼儿掌握穿脱裤子的方法；对于尿裤子的幼儿，保育教师要及时为他换上干净的裤子，不责怪，不批评。
便后不会自己提裤子、擦屁股	1. 要求家长给幼儿穿宽松简单的衣服，便于穿脱，同时要耐心引导，边帮边教幼儿提裤子的方法：先把内裤提上后再提外面的裤子。 2. 在墙上张贴正确的提裤子和擦屁股的步骤示意图，让幼儿按照图示学会提裤子和擦屁股。教幼儿擦屁股要从前往后擦，特别是女孩，以免引起尿路感染。 3. 可以告知家长教幼儿穿脱衣裤、擦屁股的正确方法，做到家园配合，方法统一。

第二节　中班如厕环节的组织

一、目标定位

1. 学会定时大小便，有困难时会大胆主动提出请求。
2. 在教师的提醒下，能安静、有序地如厕。
3. 学会正确的如厕方法，便后会使用卫生纸，学习从前往后擦。
4. 如厕后会根据示意图冲厕所，并掌握正确的洗手方法。
5. 会自己脱裤子、提裤子，在教师提示下能自己束裤子。

二、环境创设

1. 教师可以充分利用厕所内的地面，运用各种指示线条和箭头标记，合理规划进出厕所的路线，避免幼儿相互碰撞而产生安全隐患。

2. 教师可以通过地面的指示箭头标记，提示幼儿按序排队，耐心等待，帮助幼儿养成良好的秩序感。

图示参考 1：地标线内为幼儿等待区域

图示参考 2：箭头处为等待区域

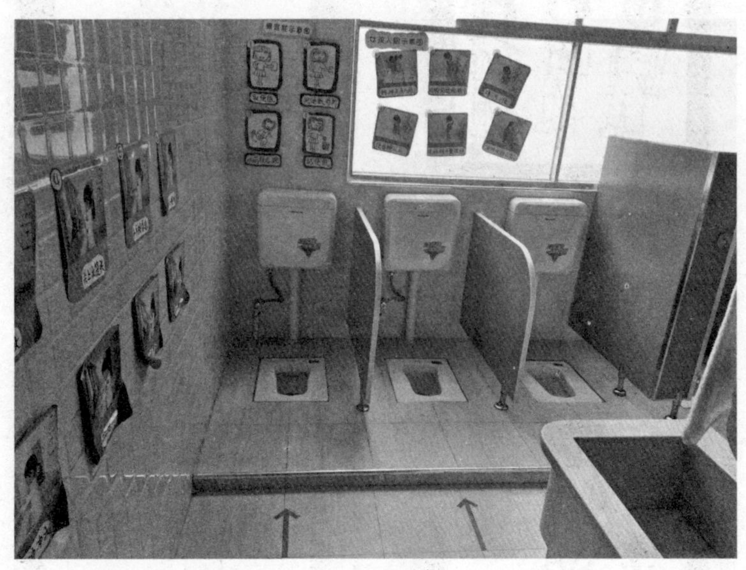

图示参考 3：女孩如厕步骤

排排队→双脚站稳脱裤子→蹲下大小便→便后擦屁屁→提好裤子整理好→冲冲水讲卫生

图示参考 4：男孩如厕步骤

排排队→脱裤子→上厕所→提裤子→冲冲水→洗洗手

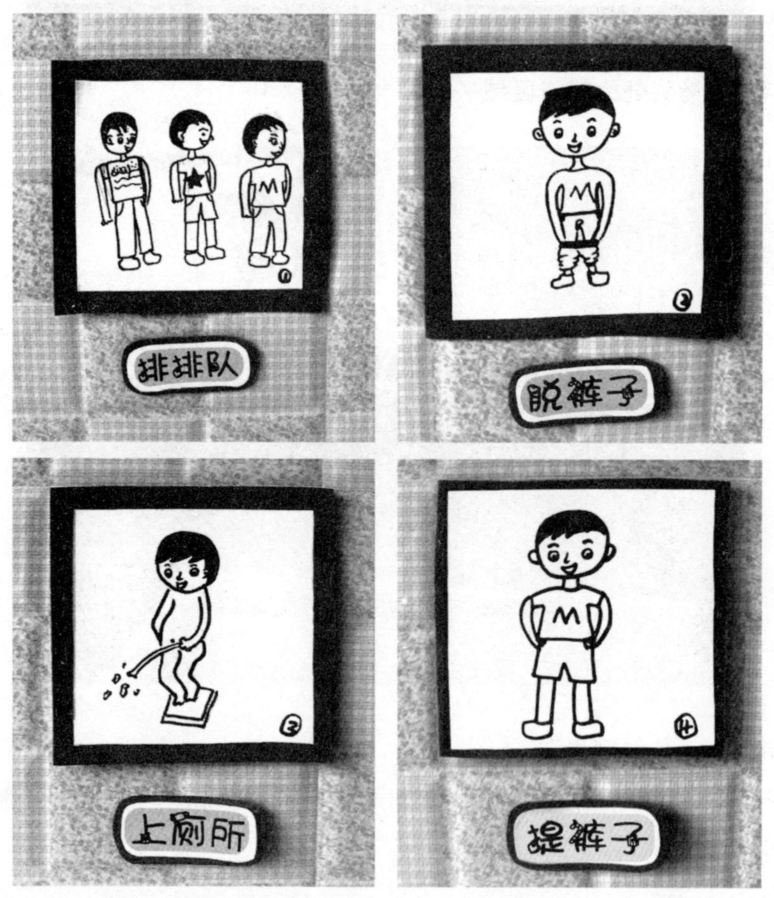

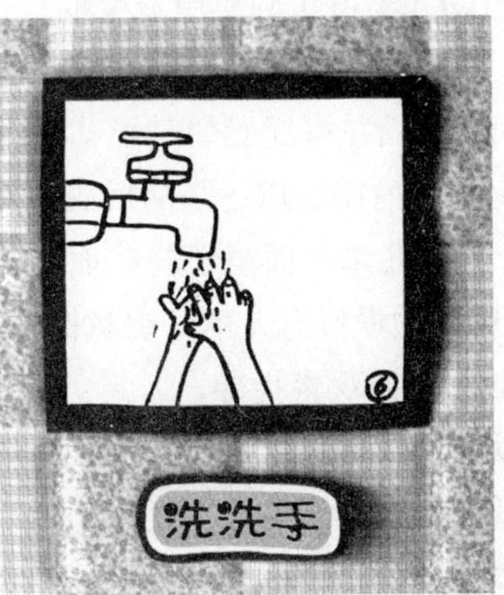

图示参考5：擦屁股步骤（见小班幼儿擦屁股步骤及图示参考）

三、组织过程

1. 如厕前教师提出如厕要求。

（1）教师：如厕前我们要注意什么？为什么要这样做？

（2）师幼共同梳理：在人多时，要排队等待，不要拥挤、推搡，注意安全。

（3）教师：玩游戏时想上厕所了怎么办？吃饭时想上厕所了怎么办？集体活动时想上厕所了怎么办？

（4）师幼共同梳理：集体活动前、饭前、睡觉前要主动去上厕所，活动中若有便意要及时告诉老师，去上厕所，不要憋尿或大便，以免弄脏裤子。

2. 组织幼儿排队，有序地进入盥洗室，按图标提示站在适宜的位置上厕所，教师根据现场实际情况或鼓励或提出注意事项。

（1）教师提醒幼儿看如厕步骤图，把裤子脱到适当的位置，整理好后再排便。

（2）提醒男孩将尿排在便池内。

（3）提醒女孩蹲便时，要取适量卫生纸，两脚放在便池两边的脚印上，小便后用卫生纸从前往后擦屁股。

3. 教师巡回观察，关注幼儿的如厕过程，保证幼儿的安全。

（1）提醒幼儿如厕后提好裤子、冲水和洗手。

（2）告知幼儿不要将尿排在便池外，注意如厕安全。

（3）关注能力弱的幼儿，指导他们擦屁股。

4. 教幼儿学习正确使用卫生纸。

(1) 教师边念儿歌边用布娃娃示范正确的擦屁股方法。

教师：我们在擦屁股的时候，应该站着擦，还是蹲着擦呢？擦的是屁股的哪个位置？是从前往后擦还是从后往前擦？

(2) 让幼儿拿一面镜子放在地上，蹲下后在镜子中找自己的小屁眼练习擦屁股，教师一边慢慢念儿歌一边教擦屁股。

5. 教师巡回观察指导。

师幼共同梳理：养成饭前便后要洗手的卫生习惯；若尿湿了裤子要主动告诉教师并及时换裤子。

6. 幼儿安静、有序地离开盥洗室，进入下一个活动。

附：儿歌

卫生纸，手里拿，折好纸巾蹲下来，
从前往后擦一擦，再把纸巾折一折，
擦一擦，看一看，小小屁股干净啦。

四、行为指南

(一) 幼儿

1. 如厕前

(1) 在教师的引导下按要求有序如厕，不推挤。

(2) 选择如厕器具，分性别如厕。

2. 如厕中

(1) 在教师的指导下会自己脱、提裤子。

(2) 蹲下后手扶把手，注意安全。

(3) 在教师提醒下会使用卫生纸。

(4) 逐步掌握如厕的正确方法。

(5) 不要在厕所内喧哗、打闹、争抢厕位。

(6) 及时向教师说出大小便的要求和异常情况。

3. 如厕后

(1) 如大小便异常，能主动告知教师，不憋大小便。

(2) 如厕时感到不舒服或拉到裤子里时，及时告知教师并在教师的帮助下更换衣裤。

(3) 会安静、有序地如厕，如厕后自主离开盥洗室。

(4) 便后用手摁下冲水开关，把厕所冲干净后方可离开。

(二) 主班教师

1. 如厕前

(1) 在盥洗室播放幼儿喜欢的音乐，让幼儿在轻松愉快的氛围中如厕。

(2) 检查幼儿如厕所需物品是否准备就绪。

(3) 检查便器是否干净、安全。

(4) 观察幼儿面部表情，判断幼儿是否有如厕需要，提醒容易尿湿的幼儿及时如厕。

2. 如厕中

(1) 提醒女孩便后要使用卫生纸，从前往后擦。

(2) 引导幼儿蹲便时两脚踩在便池两边的脚印上，将裤子往前拉。

(3) 观察并指导幼儿正确如厕，允许幼儿在自己有需要时及时如厕。

3. 如厕后

(1) 观察幼儿大小便情况，记录幼儿的排便情况，如有异常，要及时与家长沟通。

(2) 提醒幼儿提起裤子后再离开，避免摔跤。

(3) 用幼儿能读懂的图示引导幼儿便后冲水、提裤子、洗手。

(三) 协教或保育教师

1. 如厕前

(1) 保持盥洗室地面干燥、空气流通，保持便池洁净、无异味，为幼儿营造宽松、清洁的如厕环境。

(2) 检查厕所器具是否干净、安全。

(3) 协助主班教师引导幼儿分组进入盥洗室。

(4) 提醒容易尿湿裤子的幼儿按时如厕。

2. 如厕中

(1) 根据盥洗室内的幼儿人数，适时引导幼儿进入盥洗室。

(2) 引导未进入盥洗室的幼儿做一些小游戏。

(3) 提醒男孩用正确的方式如厕，不把尿洒在裤子上。

(4) 观察幼儿大小便情况是否有异常。

(5) 引导幼儿自主完成如厕。

3. 如厕后

(1) 提醒幼儿提起裤子后再离开，避免摔跤。

(2) 观察幼儿提裤子的情况，为有需要的幼儿提供帮助或引导幼儿互相帮助，并及时给予肯定，满足幼儿与教师个别交流的心理需求。

(3) 引导幼儿便后主动冲厕所，不在盥洗室逗留，洗好手后自己回到活动室参加活动。

(4) 及时清理便池和地面的水渍，防止幼儿摔伤。

(四) 保健医生

1. 巡视班级教师是否运用多种方式引导幼儿学习使用卫生纸与提裤子的方法。

2. 检查班级教师为幼儿准备卫生纸的情况，保证有足量的卫生纸，方便幼儿取用。

3. 关注幼儿是否按正确的方法如厕。

4. 提醒尿液发黄、大便干结的幼儿多喝水、多吃蔬菜。

五、幼儿常见问题与解决策略

幼儿常见问题	解 决 策 略
不遵守规则，抢着如厕	1. 在厕所地面贴上标记(小脚印或箭头)，要求幼儿踩在小脚印上如厕、洗手，没有小脚印了就要在旁边等一会儿。这样可减少幼儿如厕拥挤的现象。 2. 在盥洗室墙上贴上如厕步骤图，告诉幼儿应该怎样正确如厕。 3. 请幼儿当值日生，帮助幼儿维持秩序。
便后不及时洗手	1. 教师陪同如厕，也可安排值日生督促幼儿便后洗手，养成便后洗手的好习惯。 2. 对能及时洗手的幼儿进行表扬，通过榜样示范，让其他幼儿向做得好的幼儿学习，被表扬的幼儿也会因此产生自豪感，从而巩固良好的如厕习惯。 3. 运用讲故事、念儿歌的形式向幼儿进行卫生教育。

扫描二维码，欣赏中班如厕环节的视频

第三节　大班如厕环节的组织

一、目标定位

1. 养成定时排便的好习惯，并能主动根据自己的需求提出如厕要求。

2. 能自觉有序如厕，学会依次等待，不推挤、不打闹。

3. 大便后会正确使用卫生纸（女孩能从前往后擦），如厕后会独立整理衣裤。

4. 会使用不同的如厕器具，如厕后能主动冲干净，便后洗手。

二、环境创设

1. 保持盥洗室的清洁、通风和干燥，为幼儿提供数量充足的卫生纸、肥皂等盥洗用品，放在便于幼儿取放的位置。

2. 大班幼儿自理能力已逐渐增强，除了掌握正确的如厕方法，还要能自己整理衣裤，所以在盥洗室内要安装一面穿衣镜，供幼儿整理着装，并在墙面张贴整理衣裤的步骤图，让幼儿根据步骤图的提示掌握正确整理衣裤的方法。

3. 在盥洗室墙面贴上健康食品与垃圾食品的图片，将吃不同的食物拉出的大便也用不同的示意图画出来贴在墙面上，供幼儿观察，让幼儿知道哪些食物是有营养的，有利于身体健康的。

图示参考 1：男孩小便时对准火苗图标

图示参考 2：按标识提示适量取纸

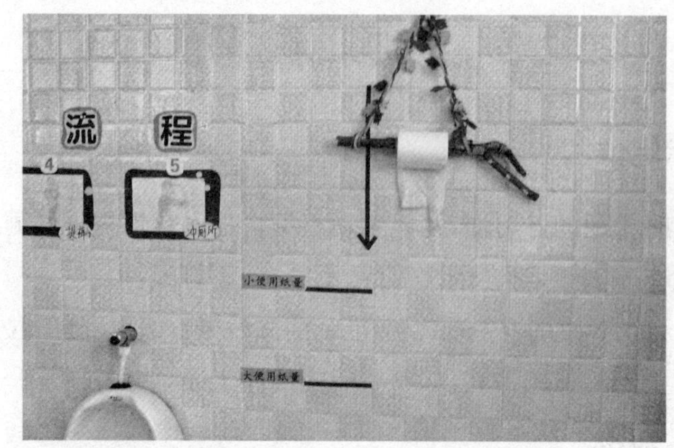

图示参考 3：女孩卫生纸使用步骤

小便前取纸，将纸拉到第一条横线处→双手将纸撕下→取纸后将纸对折→如厕

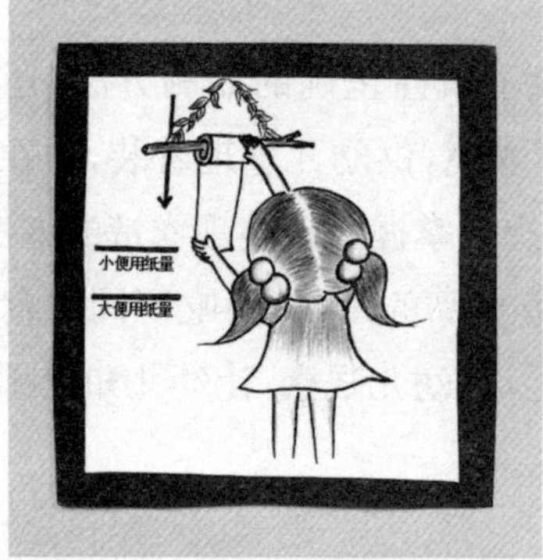

① 小便前取纸，将纸拉到第一条横线处

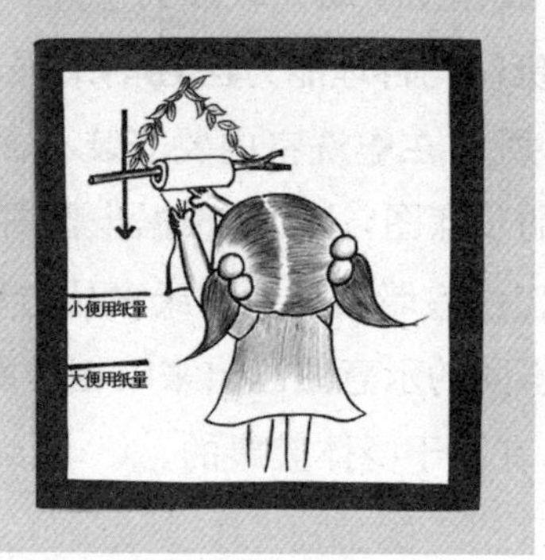

② 双手将纸撕下

③ 取纸后对折

④ 如厕

图示参考 4：男孩卫生纸使用步骤

大便前取纸，将纸拉到第二条横线处→双手将纸撕下→取纸后将纸对折→如厕

① 大便前取纸，将纸拉到第二条横线处

② 双手将纸撕下

③ 取纸后将纸对折

④ 如厕

图示参考 5：整理衣裤步骤

三、组织过程

1. 如厕前教师讲解如厕时的注意事项。

(1) 教师：厕所里人多怎么办？小便急怎么办？

(2) 师幼共同梳理：厕所里人多时，不要争抢，不要推挤，要依先后顺序小便；特别着急时，可与其他幼儿协商，征得同意后，才可先用厕所。

(3) 女孩坐在便桶上或蹲在便池上小便。上厕所时，要扶好栏杆，跨上台阶，再跨过便池。下便池时，要先提好裤子，再扶好栏杆慢慢下。

(4) 洗手后，要关好水龙头，以防水流湿地面，造成摔伤事故。

2. 教师组织幼儿排队，有序地进入盥洗室，按图标提示站在适宜的位置。幼儿自行如厕，教师根据现场实际情况或鼓励或提出注意事项。

(1) 幼儿能主动把裤子整理好后再排便。

(2) 男孩不将尿排在便池外。

(3) 女孩取适量卫生纸，蹲便时两脚放在便池两边的脚印上。

3. 教师巡回观察，关注幼儿的如厕过程，保证幼儿的安全。

(1) 幼儿能熟练地脱、提裤子，便后自主、熟练地进行清洁和整理。

(2) 提醒幼儿不要将尿排在便池外，便后及时冲水。

(3) 人多时学会轮流等待，不争抢，不拥挤，依先后顺序小便。

(4) 如厕洗手后，要关好水龙头，以防水流湿地面，造成摔伤事故。

4. 教师引导幼儿看步骤图，按步骤图的标识的方法学会正确地束裤子。

5. 教师巡回观察指导，关注能力弱的幼儿，指导他们上完厕所后自己束裤子。

6. 教师引导幼儿安静、有序地自主离开盥洗室，进入下一个活动。

四、行为指南

(一) 幼儿

1. 如厕前

(1) 按教师要求有序地进入厕所，分性别如厕。人多时不着急，排好队一个一个来。

(2) 如要大便准备好卫生纸。

(3) 女孩小便时也要准备好卫生纸。

2. 如厕中

(1) 熟练脱、提裤子。

(2) 如厕时不弄湿自己和同伴的衣裤，便后会整理着装。

(3) 掌握如厕的正确方法，会用卫生纸从前往后擦净屁股。

(4) 如有困难或大便异常及时向教师报告。

3. 如厕后

(1) 便后冲水再离开。

(2) 便后自主、熟练地进行清洁和整理，知道用流水洗手。

(3) 自主离开盥洗室，不逗留，不玩水。

(二) 主班教师

1. 如厕前

(1) 检查卫生纸是否充足。

(2) 检查便器是否安全。

(3) 组织幼儿有序地如厕。

(4) 引导幼儿掌握正确的如厕方法。

2. 如厕中

(1) 在集体活动、户外活动、进餐、午睡等活动前，根据盥洗室内幼儿的人数适时提醒幼儿自行有序地前往如厕。

(2) 在教室内组织没有去如厕的幼儿做游戏。

(3) 强调便后冲水和洗手，并提醒幼儿注意安全。

(4) 提醒女孩小便之后提好裤子再到等待区域整理衣裤。

3. 如厕后

(1) 提醒或帮助幼儿整理好衣裤,提醒他们便后洗手。

(2) 在能同时看到教室和盥洗室的幼儿的位置观察,提醒幼儿便后洗手。

(3) 观察幼儿束裤子的情况,引导幼儿互相帮助,并表扬动作熟练、方法正确的幼儿。

(4) 观察幼儿大小便的颜色、干稀度、量、有无便血等情况并做好记录。

(5) 提醒幼儿不要在盥洗室内逗留,洗手后进入下一个活动。

(三) 协教或保育教师

1. 如厕前

(1) 准备好卫生纸,方便幼儿随时取用。

(2) 准备好香皂,督促幼儿便后用香皂、流水洗手。在盥洗室内等待幼儿如厕。

2. 如厕中

(1) 指导幼儿正确使用卫生纸,从前向后擦净屁股。

(2) 幼儿蹲便时,引导他们两脚踩在便池两边,将裤子往前拉。

(3) 提醒幼儿排便时注意不要弄湿自己和同伴的衣裤,便后会整理衣裤。

3. 如厕后

(1) 观察幼儿能否自己整理衣裤、穿戴整齐。

(2) 在盥洗室内提醒或帮助幼儿整理好衣裤,提醒他们便后洗手。

(3) 地面有水要及时擦干,以免幼儿滑倒。

(4) 对厕所进行清洁、消毒。

(5) 用图示提醒幼儿主动便后冲水、洗手,并学会节约用水。

(四) 保健医生

1. 检查班级教师是否关注幼儿使用卫生纸的方法。

2. 告诉幼儿如何辨别自己的大小便是否正常,什么情况下需要多喝水。

3. 检查班级教师是否鼓励幼儿如厕后自己整理衣裤。

4. 及时帮助出现异常情况的幼儿,并让班级教师将情况反馈给家长。

五、幼儿常见问题与解决策略

幼儿常见问题	解决策略
上厕所时喜欢推挤、奔跑，容易摔倒	教师除了及时拖干净地面外，还要把如厕环节设计成一个有趣的游戏活动，如模仿小猫走路"轻轻地"，模仿小乌龟走路"慢慢地"等特点，以此来培养幼儿安静、有序如厕的习惯。
男孩小便时容易尿在便池外	在便池中贴上图标，如小火苗、小伞、小花等，让男孩小便时对准图标，看谁最准，这样男孩在小便时就会更认真，就不会尿在便池外了。
便后不会整理衣服	1. 通过讲故事《风娃娃》形象生动地让幼儿理解整理衣裤的重要性。 2. 通过环境创设，在厕所墙面或班级环境中适当布置一些脱(穿)裤子的步骤图，再安装一面穿衣镜，让幼儿按照图示提好裤子，并对着镜子检查。 3. 家园配合，教师可以利用一些有家园沟通功能的卡片，让幼儿带回家，一方面向家长展示幼儿在园如厕活动的进步，另一方面也可以请家长在家营造有利于幼儿自主自理的氛围，不要包办代替，多给幼儿机会自己练习，巩固生活教育的效果。

第六章

午睡环节的组织

睡眠对于人的生存是十分重要的，通过睡眠可以消除疲劳、积蓄精力、增强免疫力、修复损伤、调整机能和状态。睡眠不但能增强机体对疾病的抵抗力，还可以使各组织器官自我康复的过程加快。幼儿中午睡不好，下午的情绪便会受影响，甚至会在活动时打瞌睡，影响活动的流畅性，所以幼儿园组织有效的午睡环节是很有必要的。

幼儿园睡眠活动是一日活动组织中的重要环节，主要包括午睡和晚间睡眠，其中日托幼儿园只有午睡环节，寄宿制幼儿园还包括晚间睡眠环节。从医学和保健角度来讲，幼儿睡眠时，身体各部位、脑及神经系统都在进行调节，氧和能量的消耗最少，内分泌系统释放的生长激素是平时的 3 倍，所以睡眠质量直接影响着幼儿的生长发育、身体健康、学习状况。《指南》中也明确提出，为有效促进幼儿身心健康发展，成人应为幼儿提供合理均衡的营养，保证其充足的睡眠和适宜的锻炼。根据幼儿的生理特点，在幼儿园一日生活中最长可达 10 小时的学习和游戏过程中，安排 2—2.5 小时的午睡是非常必要的。从幼儿独立成长的角度讲，在幼儿园独立入睡以及午睡前后的穿脱和整理衣物活动，不仅满足了幼儿锻炼手眼协调能力、发展精细动作的需要，更为其培养生活自理能力提供了良好的锻炼机会。

教师要根据幼儿的年龄特点以及班级实际情况制订科学的、合理的、操作性强的阶段性培养目标：对小班幼儿，着重培养他们自己穿脱衣裤、鞋子，养成良好的睡姿；而对中、大班幼儿，着重培养他们学会独立穿脱衣裤及叠衣裤、鞋袜、小被子等，且整个过程要遵循由易到难的原则。同时，对有异常情况的幼儿要进行深入的调查，分析原因，反思存在的问题，采取相应的措施，加强午睡中的管理与组织，提高幼儿的午睡质量，促进幼儿的健康成长。

第一节　小班午睡环节的组织

一、目标定位

1. 在教师提醒下按时睡觉及起床，并坚持午睡。
2. 能找到自己的小床，会自己钻被筒、盖被子，能有意识地用正确的姿势入睡。
3. 在教师的指导或帮助下会穿脱衣裤、鞋袜，并学习折叠、整理衣物。
4. 有如厕及其他要求时能主动表达意愿并及时如厕。
5. 在教师提醒下，知道将与睡眠无关的物品交给教师保管。

二、环境创设

教师可以根据小班幼儿的年龄特点，制作形象生动的午睡步骤图张贴到寝室中，步骤图可以是照片，也可以是简笔画的形式，旨在让幼儿通过直观、可模仿的图示学习简单的生活自理技能。

图示参考 1：午睡步骤

打开被子→脱鞋子→脱裤子→脱衣服→钻入被筒→安静入睡

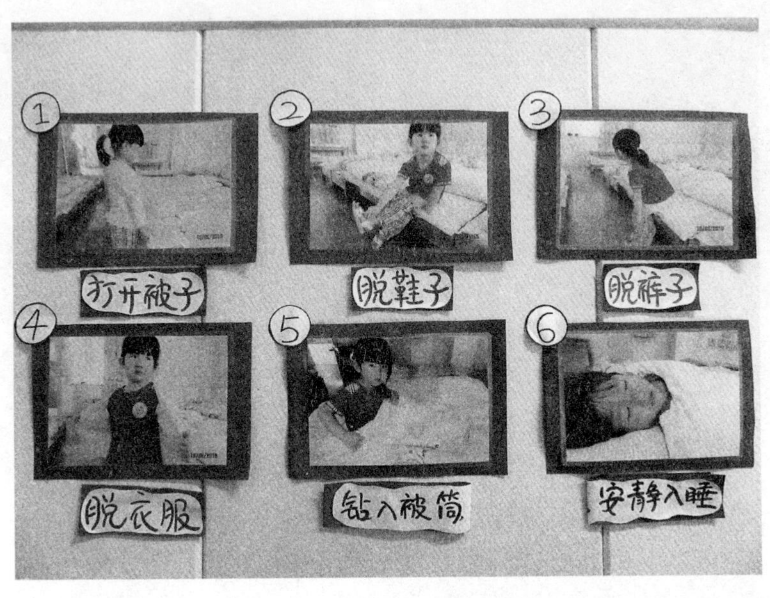

图示参考 2：穿脱鞋子、衣裤步骤

(1) 穿鞋步骤

拉开子母扣→小脚伸进鞋洞里，用力拉上鞋后跟→贴上子母扣→鞋子穿好了

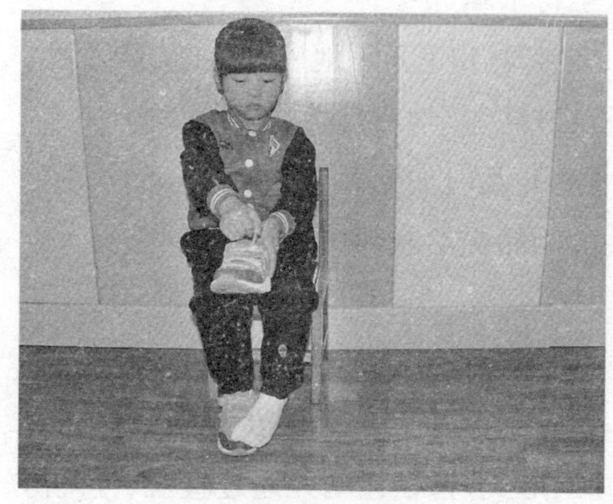
① 拉开子母扣

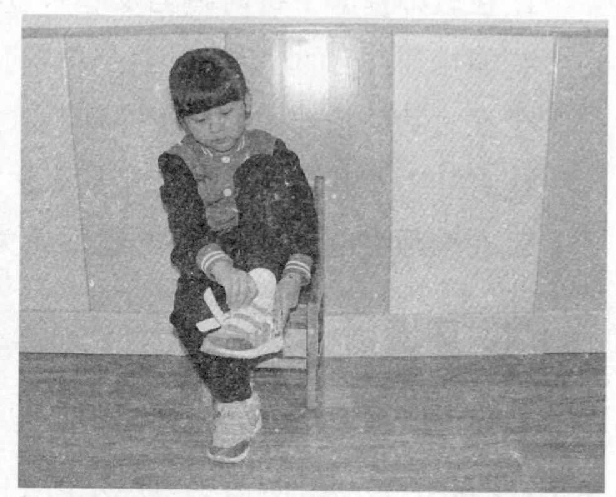
② 小脚伸进鞋洞里，用力拉上鞋后跟

③ 贴上子母扣

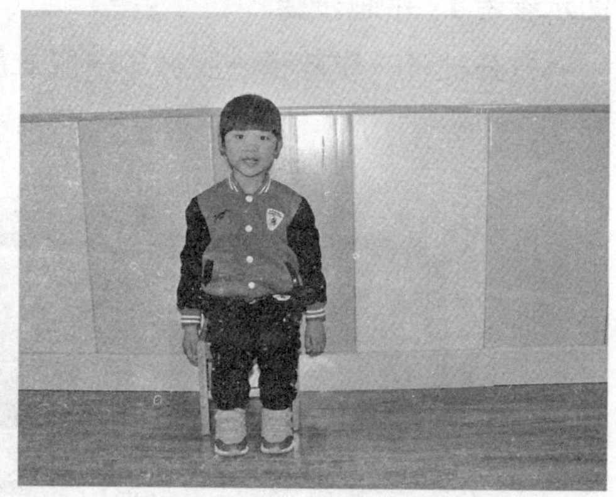
④ 鞋子穿好了

(2) 脱鞋步骤

拉开子母扣→小手抓住鞋后跟用力向下拉→努力退出小脚丫→鞋子脱好了

① 拉开子母扣

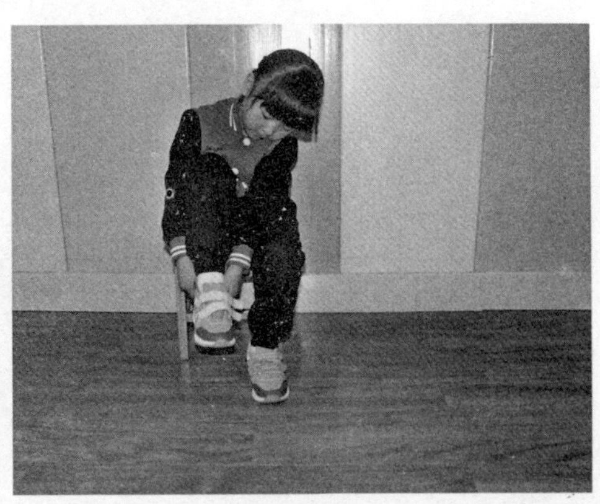
② 小手抓住鞋后跟用力向下拉

③ 努力退出小脚丫

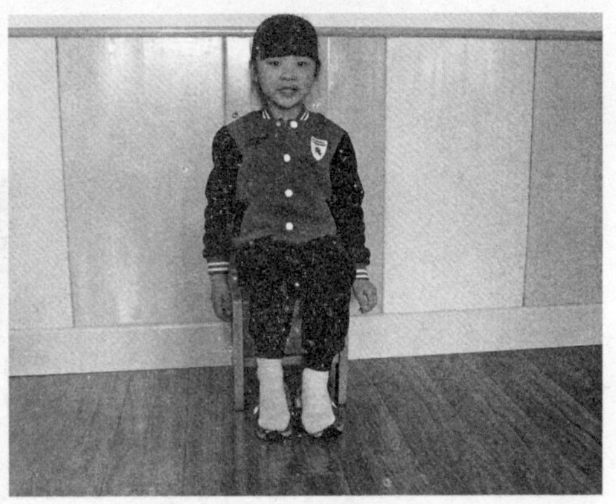
④ 鞋子脱好了

(3) 穿裤子步骤

正面朝上平放小裤子→一只小脚钻进小裤洞→再将另一只小脚钻进小裤洞→双手抓紧小裤腰,用力盖上小肚皮→裤子穿好了

① 正面朝上平放小裤子

② 一只小脚钻进小裤洞

③ 再将另一只小脚钻进小裤洞

④ 双手抓紧小裤腰，用力盖上小肚皮

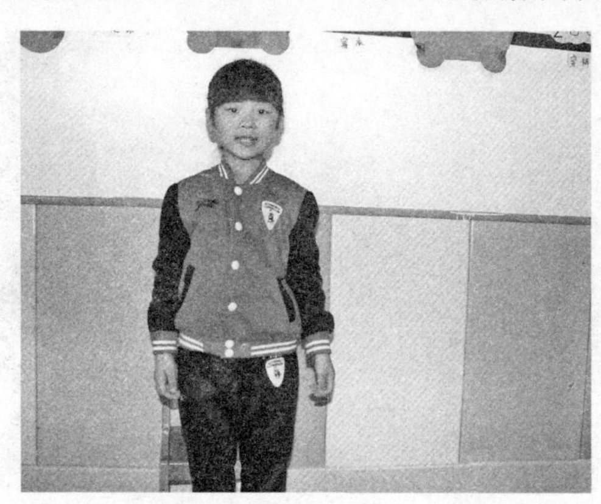

⑤ 裤子穿好了

(4) 脱裤子步骤

双手抓紧小裤腰→裤子往下脱到膝盖处→一只小脚钻出小裤筒→另一只小脚也钻出小裤筒→裤子脱好了

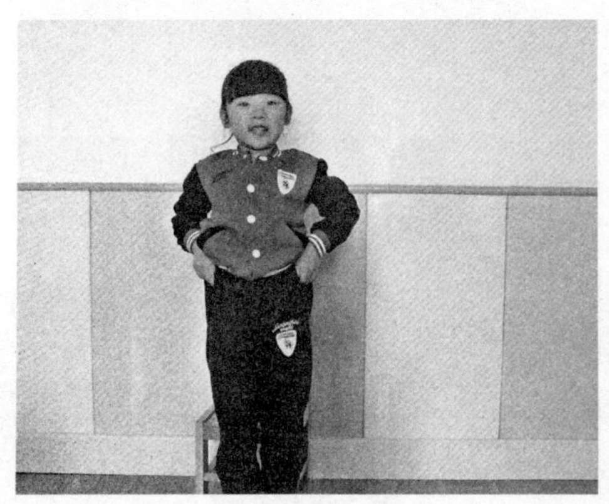

① 双手抓紧小裤腰

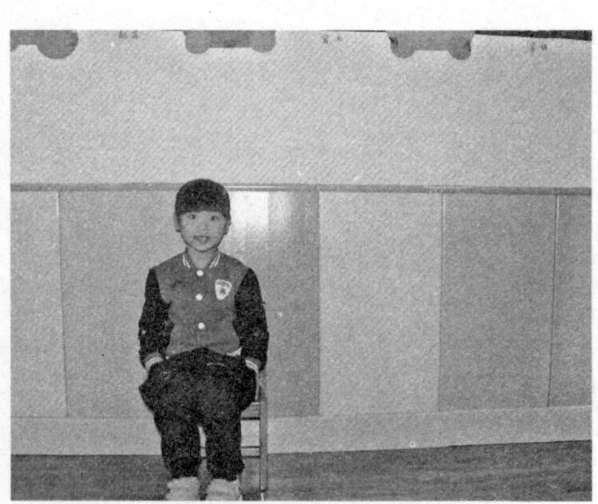

② 裤子往下脱到膝盖处

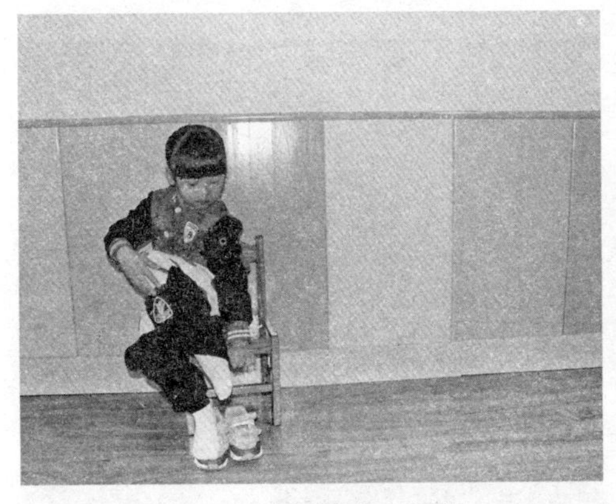

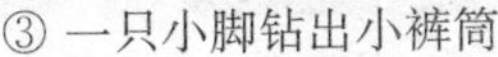
③ 一只小脚钻出小裤筒

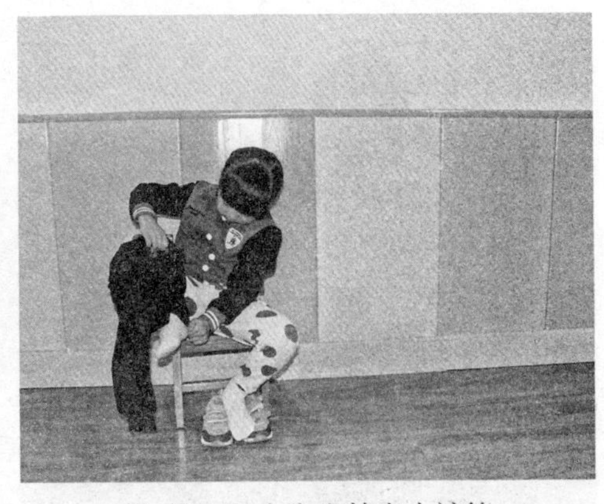

④ 另一只小脚也钻出小裤筒

⑤ 裤子脱好了

(5) 穿衣步骤

双手拿着衣领的两端，将衣服披在肩上→一只手抓住对侧衣襟，将另外一只手伸进衣袖→穿好的手抓住对侧衣襟，将另一只手伸进衣袖→对齐拉链→向上拉拉链→衣服穿好了

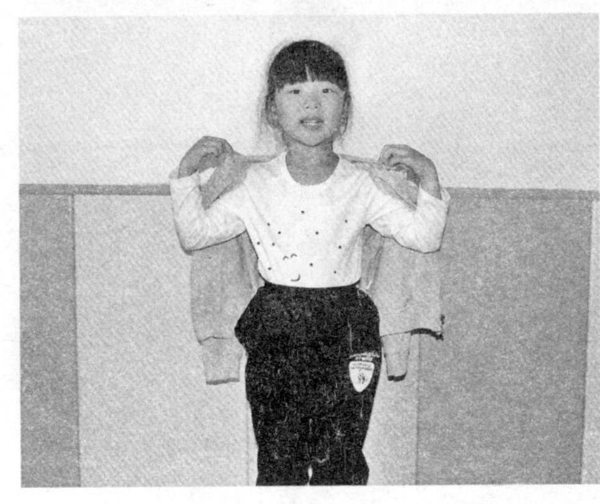

① 双手拿着衣领的两端，将衣服披在肩上

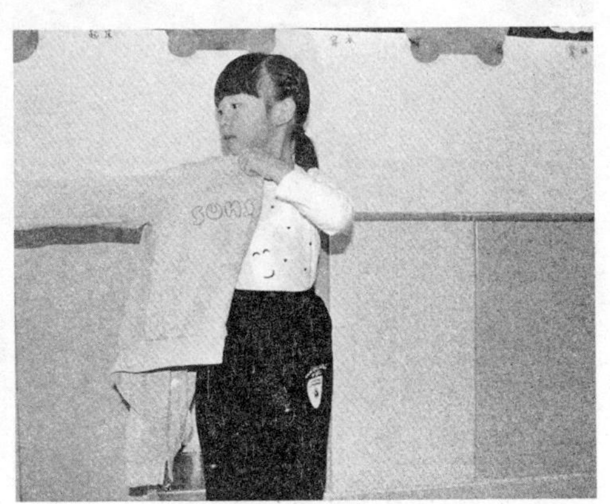

② 一只手抓住对侧衣襟，将另外一只手伸进衣袖

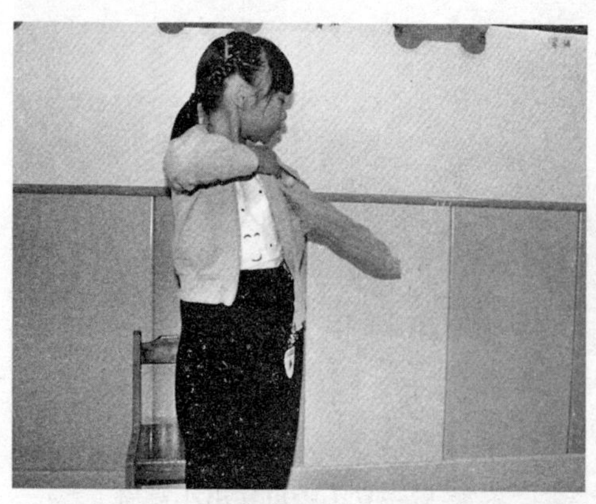

③ 穿好的手抓住对侧衣襟，将另一只手伸进衣袖

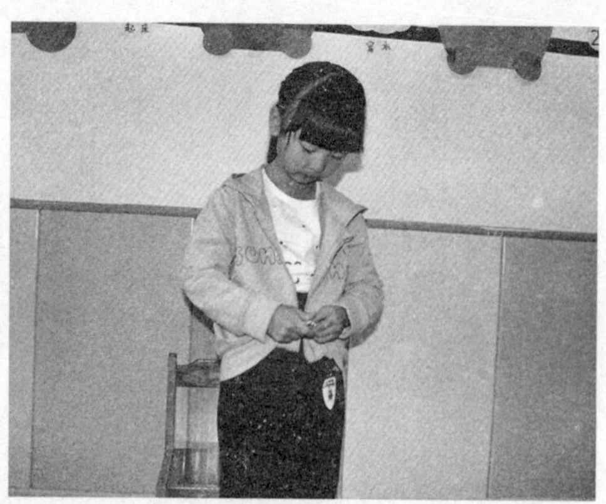

④ 对齐拉链

⑤ 向上拉拉链

⑥ 衣服穿好了

(6) 脱衣步骤

从上往下拉开拉链→将一只袖子脱掉→再脱另一只袖子→衣服脱好了

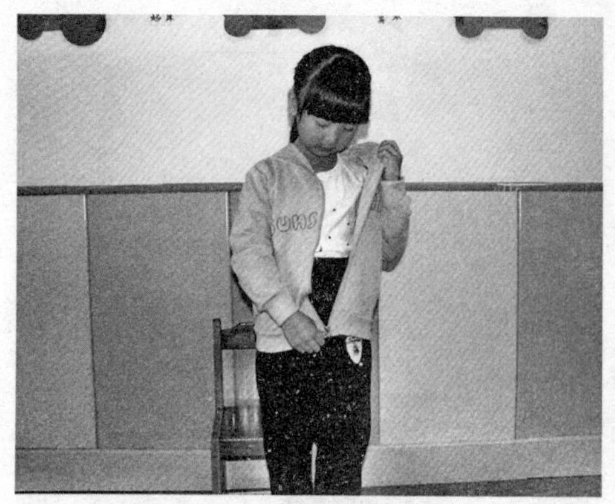

① 从上往下拉开拉链

② 将一只袖子脱掉

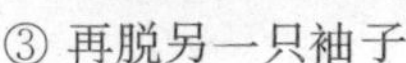

③ 再脱另一只袖子

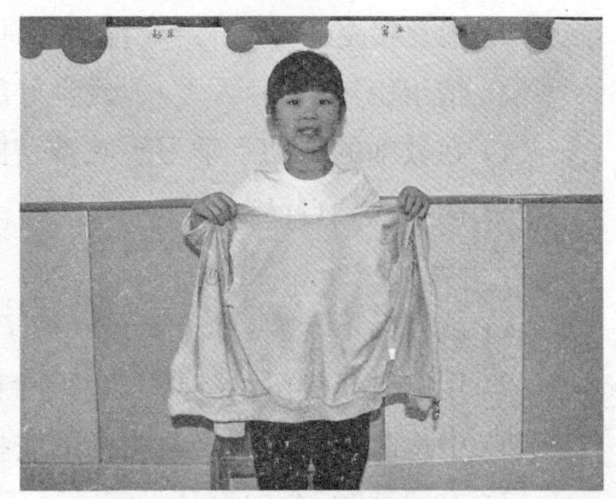

④ 衣服脱好了

三、组织过程

1. 午睡前组织幼儿散步或进行安静的活动，如阅读、区域自选活动、睡前小讨论等。

2. 营造温馨的环境，做好幼儿午睡前的准备，如拉上窗帘、播放轻音乐等。

3. 组织幼儿如厕和午检，教师带领幼儿在摇篮曲的音乐声中进入活动。

（1）教师：小朋友准备午睡了，知道要做些什么吗？

（2）师幼共同梳理：打开被子→脱鞋子→脱裤子→脱衣服→钻入被筒→安静入睡。

（3）教师：请小朋友把鞋子分清左右、整齐地放好，脱好衣裤躺好后自己盖好小被子，天热时把胳膊放在被子外面，不要蒙着头睡，也不能趴着睡。

4. 观察幼儿睡眠及盖被情况，安抚入睡困难的幼儿，纠正幼儿的不良睡姿，做好午睡登记。

5. 午睡后播放轻音乐，轻声唤醒幼儿。

6. 用生动活泼、通俗易懂的儿歌帮助幼儿按正确的方法穿衣裤及鞋子。

7. 及时帮助能力较弱的幼儿，减轻他们的焦虑情绪。

四、行为指南

（一）幼儿

1. 午睡前

（1）知道睡前要如厕，不推挤，人多时知道要排队等待。

(2) 愿意接受午检,不带异物如玩具、发夹等上床。

(3) 情绪稳定、安静入寝,养成良好的就寝习惯。

(4) 在教师的帮助下学习脱衣裤、鞋袜的正确方法,并整齐放置。

(5) 能够找到自己的小床。

2. 午睡中

(1) 就寝后不玩耍,知道要盖好被子。

(2) 用侧卧或仰卧的姿势入睡,不俯卧或蒙头睡,在教师的看护下尽快入睡。

(3) 中途醒来的幼儿能在教师的安抚下继续午睡,做到不打扰他人。

(4) 有便意时,会向教师示意。

3. 午睡后

(1) 自己愿意尝试穿衣裤、鞋袜。

(2) 尝试学习整理自己的床铺。

(3) 喝水、如厕时人多的话,知道要排队等待。

(4) 起床后愿意接受午检。

(5) 女孩知道到教师处排队梳头。

(二) 主班教师

1. 午睡前

(1) 组织幼儿开展安静的活动,如散步、听故事、自主阅读等。

(2) 进行午检并做好记录:清点幼儿人数;检查幼儿是否带异物(特别是细小的物品);帮助女孩摘下头饰(放入收纳袋)。

(3) 检查是否有精神状况不佳的幼儿。

(4) 营造安静、温馨的午睡氛围让幼儿听故事或舒缓优美的音乐。

(5) 提醒和帮助幼儿根据季节变化及时调整脱衣服的件数,保证舒适又不感冒。

(6) 与协教教师做好交接班工作。

2. 午睡中

(1) 加强巡视并陪伴没有入睡的幼儿,及时帮助幼儿盖好被子及纠正不良睡姿。

(2) 不离岗,不躺在幼儿床上,不串班,不聊天,保持安静。

(3) 轻声唤醒易尿床的幼儿,让他们去如厕,及时安抚睡中惊醒的幼儿。

(4) 关注每一名幼儿的午睡情况,做好午睡的情况记录。观察患病幼儿是否发烧,如发现异常情况,应采取相应措施处理,必要时通知保健医生、家长,并及时带幼儿去医院就诊。

3. 午睡后

(1) 用美妙的音乐唤醒幼儿。

(2) 指导、帮助幼儿整理仪表，为女孩梳头。

(3) 严格进行起床后的午检，并做好记录。

(4) 利用评比栏，培养幼儿的生活自理能力。

(5) 初步建立值日生管理机制，培养幼儿的自我管理能力(教师检查幼儿穿衣裤的情况)。

(三) 协教教师

1. 午睡前

(1) 帮助或指导幼儿睡前如厕，提醒个别忘记上厕所的幼儿及时如厕，关注排便不定时的幼儿。

(2) 指导或帮助幼儿有序地脱衣裤、鞋袜并整齐放置。

(3) 安抚幼儿情绪，提醒幼儿轻轻地脱衣服。

(4) 与主班教师做好交接工作。

2. 午睡后

(1) 指导并帮助幼儿有序地穿衣裤、鞋袜。

(2) 协助整理幼儿仪表。

(3) 关注幼儿如厕、喝水的情况。

(4) 协助保育教师整理寝室卫生。

(四) 保育教师

1. 午睡前

(1) 做好幼儿午睡前的准备工作，如调节室温、拉上窗帘、播放轻音乐、给幼儿铺好被子等。

(2) 指导或帮助幼儿脱衣裤、鞋袜。

(3) 鼓励幼儿尝试整理脱下的衣裤、鞋袜。

(4) 协助幼儿盖好被子，避免幼儿着凉。

2. 午睡后

(1) 指导或帮助幼儿正确、有序地穿衣裤、鞋袜。

(2) 将幼儿被子翻面，保持被子干爽透气。

(3) 为尿床的幼儿及时更换衣物，清洗后晒干。

(4) 幼儿起床后,根据季节及时开窗通风、整理打扫寝室卫生。

(5) 用紫外线灯管或艾叶(熏蒸)对活动室及教室进行空气消毒。

(6) 做好午点前的分餐工作。

(五) 保健医生

1. 检查幼儿午睡环境的创设是否合理(卧室的温度、通风情况及亮度)。

2. 检查幼儿的入睡率以及盖被情况。

3. 检查班级教师是否巡视或帮助有特殊情况的幼儿入睡。

4. 给生病的幼儿喂药,与班级教师交流生病幼儿午睡时的情况并给予特别关照。

5. 巡查幼儿起床后的着装情况。

五、幼儿常见问题与解决策略

幼儿常见问题	解决策略
动手能力较弱,不会穿脱衣裤或容易穿反衣裤	1. 教师应根据寝室布局的不同,站在相应的位置关注幼儿,并分别进行指导和帮助。 2. 通过示范、看穿脱衣裤步骤图练习等方法让幼儿学习穿脱、折叠衣裤并摆放整齐。 3. 对幼儿的表现要及时给予表扬和鼓励。
入睡困难,不会盖被子导致容易受凉	1. 根据小班幼儿的年龄特点,采用幼儿喜欢的游戏方式转移其注意力,如采用“钻山洞”等方法引导幼儿学会盖被子。 2. 幼儿睡下后,教师要帮助幼儿适当整理被子、衣裤等。
不会求助,尿床现象时有发生	1. 教师要善于观察、悉心引导,鼓励幼儿大胆说出自己的需求。 2. 轻声唤醒易尿床的幼儿,让他们去如厕。 3. 要关注尿床的幼儿的情绪并进行安抚,及时更换他们的衣物,清洗后晒干。 4. 与家长多沟通、多配合,共同指导和帮助幼儿。

第二节　中班午睡环节的组织

一、目标定位

1. 每天按时睡觉及起床,并能坚持午睡。

2. 情绪稳定、安静地入睡，养成正确的睡眠姿势。

3. 能按正确的方法穿脱衣裤、鞋袜，扣纽扣，并能把自己的物品整理整齐。

4. 有便意、身体不适或发现同伴有异常情况时能及时告诉教师。

5. 乐意自己打开被子，能区分被子的正反、长宽，为自己盖好被子。

6. 知道将与睡眠无关的物品交给教师保管。

二、环境创设

1. 教师可以在门和墙上贴一些简洁、淡雅的墙饰，营造一个干净、舒适、温馨的睡眠环境。

2. 教师可以将折叠衣服、裤子的步骤用照片或简笔画的形式张贴在寝室的墙面上，便于幼儿自己动手模拟、亲身体验，引发幼儿自主学习的好奇心和主动探究的求知欲。

图示参考 1：午睡步骤（见小班午睡步骤图）

图示参考 2：穿脱鞋子、衣裤步骤（见小班穿脱鞋子、衣裤步骤及图示参考）

图示参考 3：叠衣服步骤

衣服放好伸伸手→两只小手抱一抱→点点头弯弯腰→我的衣服叠叠好

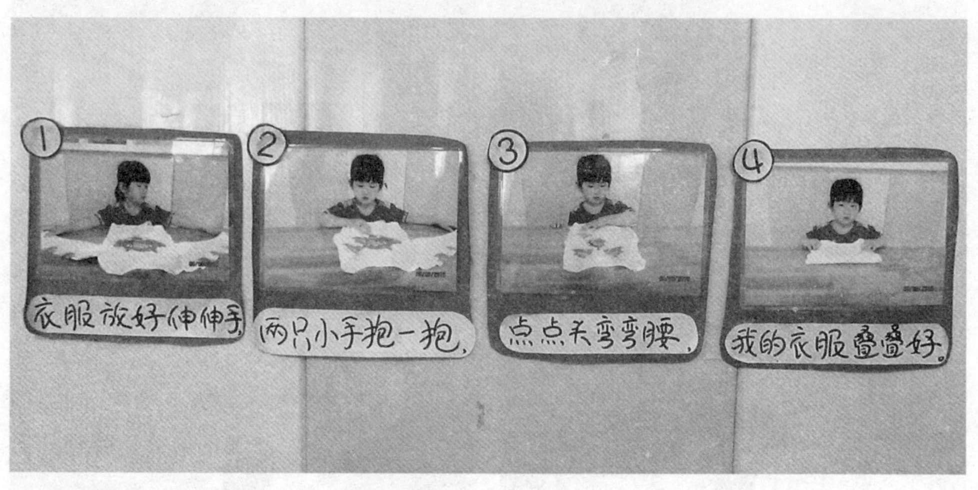

图示参考 4：叠裤子步骤

小小裤子排两队→裤腰裤脚面对面→点点头弯弯腰→我的裤子叠好了

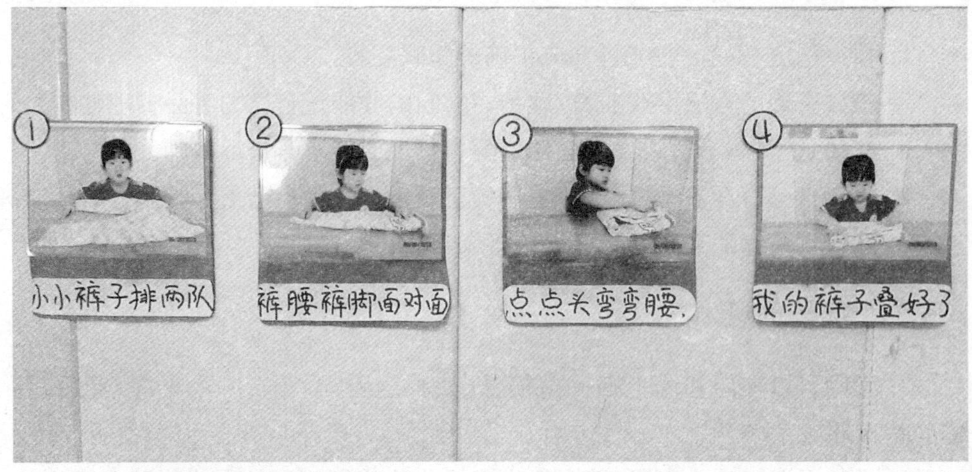

图示参考 5：叠衣服步骤

将衣服放平整→将一只衣袖向内对折→将另一只衣袖向内对折→将衣领对准衣服下边处翻合→双手抚平整衣服

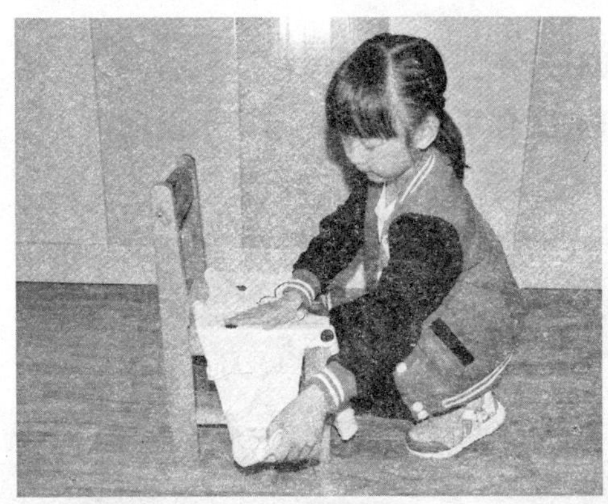

① 将衣服放平整

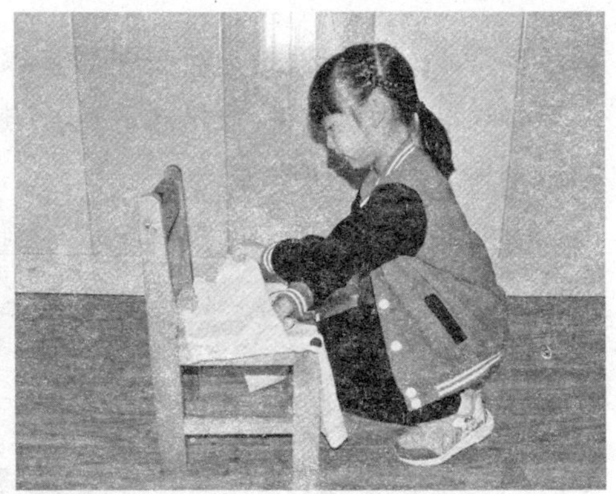

② 将一只衣袖向内对折

③ 将另一只衣袖向内对折

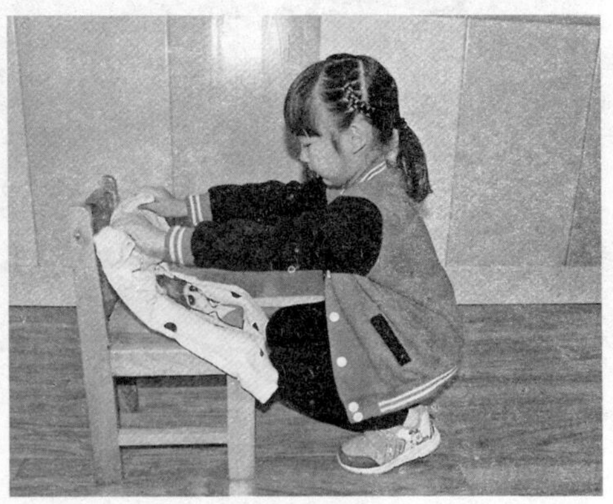

④ 将衣领对准衣服下边处翻合

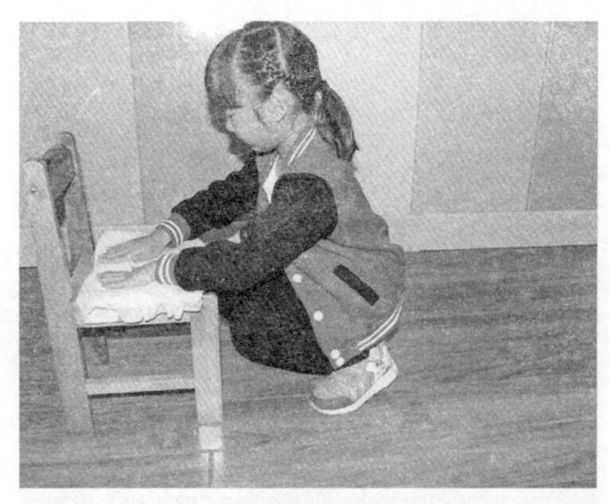

⑤ 双手抚平整衣服

图示参考 6：叠裤子步骤

将裤子整理平整→将一条裤腿对准另一条裤腿对折→将裤子抚平整→裤腰对准裤脚对折→裤子叠好了

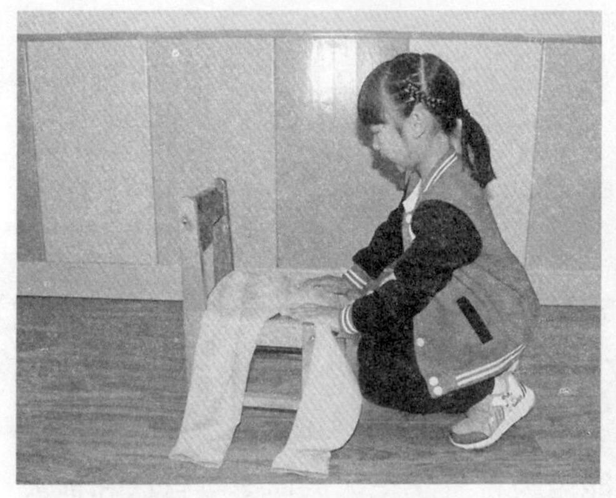

① 将裤子整理平整

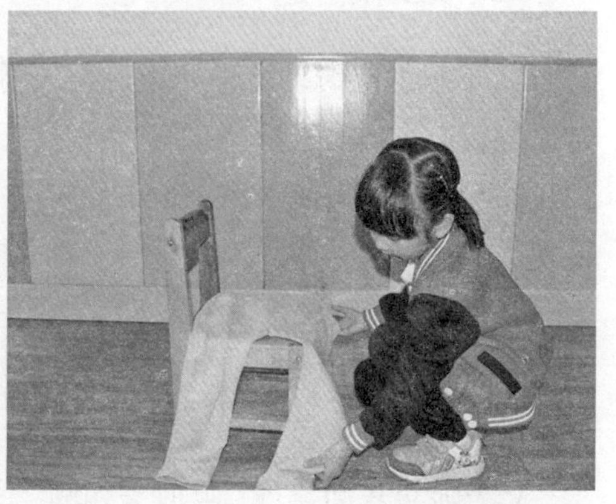

② 将一条裤腿对准另一条裤腿对折

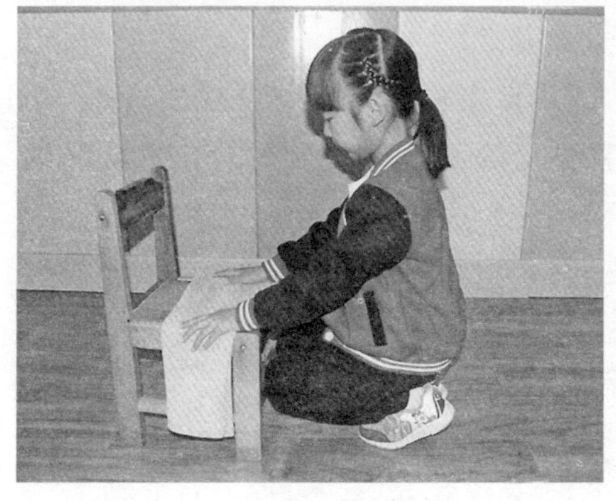

③ 将裤子抚平整

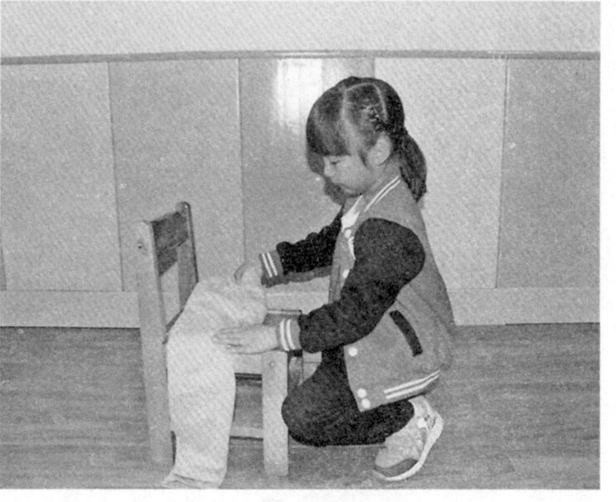

④ 裤腰对准裤脚对折

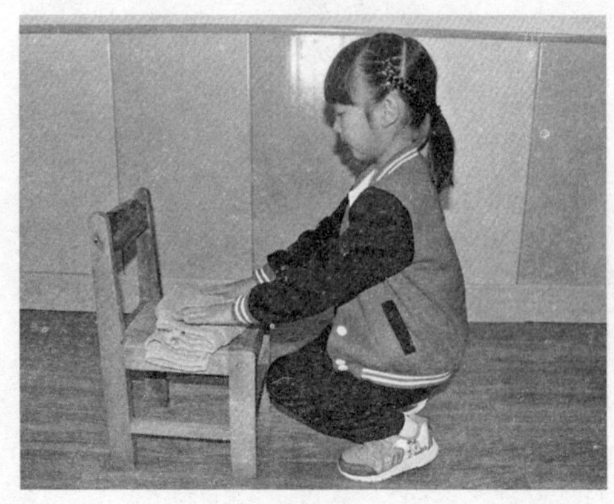

⑤ 裤子叠好了

三、组织过程

1. 午睡前组织幼儿散步或进行安静的活动，如阅读、区域自选活动、睡前小讨论等。

2. 营造温馨的环境，做好幼儿午睡前的准备，如拉上窗帘、播放轻音乐等。

3. 午睡前可以围绕午睡过程中易出现的问题引导幼儿讨论。

(1) 教师：午睡刚刚开始，有小朋友就吵着尿尿，为什么？你认为合适吗？怎么解决呢？

(2) 师幼共同梳理：睡前要如厕，不能因为贪玩忘记尿尿而影响自己和他人入睡。但如果真的有尿，一定不能憋着要及时排尿，如果自己忘了，小朋友要互相提醒，互相督促。

4. 幼儿自主有序地如厕和接受午检，然后自主脱衣裤、鞋袜并摆放整齐。

5. 观察幼儿睡眠及盖被情况，纠正幼儿的不良睡姿，做好午睡情况的记录。

6. 教师要多关注和陪伴入睡困难的幼儿，可送句悄悄话或和他们有个美好的约定，鼓励其尽快入睡。

7. 午睡后播放欢快的音乐，轻声唤醒幼儿。

8. 引导幼儿按正确的方法穿脱衣裤、鞋子并学会折叠小被子。

9. 及时帮助能力较弱的幼儿，减轻他们的焦虑情绪。

四、行为指南

(一) 幼儿

1. 午睡前

(1) 安静如厕,及时排便,人多时会排队等待。

(2) 自觉接受午检,不带异物上床。

(3) 情绪稳定、安静地入寝,自己能较熟练地脱衣裤、鞋袜,并整齐放置。

2. 午睡中

(1) 不玩耍,主动盖好被子,尽快入睡。

(2) 能用正确的姿势入睡,不俯卧或蒙头睡。

(3) 有便意时主动告知教师并如厕。

3. 午睡后

(1) 能较熟练有序地穿衣裤、鞋袜,能区分衣服的前后与正反。

(2) 会整理自己的床铺。

(3) 能自主如厕、洗手、喝水,人多时会排队等待。

(4) 知道起床后自觉接受午检(教师检查或同伴互检),整理仪表。

(5) 女孩自主梳头或同伴互助梳头。

(二) 主班教师

1. 午睡前

(1) 组织幼儿开展安静的活动,如散步、阅读、区域自选活动、午睡小讨论等。

(2) 进行午检并做好记录:清点幼儿人数;提示幼儿主动将小物件集中放在一起,避免午睡时玩耍发生意外;帮助女孩摘下头饰(放入收纳袋)。

(3) 检查是否有精神状况不佳的幼儿。

(4) 提醒幼儿进入寝室后保持安静。

(5) 营造良好的午睡环境,可适当地放睡眠曲或讲故事。

(6) 帮助能力较弱的幼儿脱衣裤。

(7) 与协教教师做好交接班工作。

2. 午睡中

(1) 安抚入睡困难的幼儿,提醒有尿意的幼儿及时如厕。

(2) 加强巡视并陪伴没有入睡的幼儿,及时帮助幼儿盖好被子及纠正不良睡姿。

(3) 不离岗，不躺在幼儿床上，不串班、不聊天，保持安静。

(4) 轻声唤醒易尿床的幼儿，让他们去如厕，及时安抚睡中惊醒的幼儿。

(5) 关注每一名幼儿的午睡情况，做好午睡的情况记录。观察患病幼儿是否发烧，如发现异常情况，采取相应措施处理，必要时通知保健医生、家长，并及时带幼儿去医院就诊。

3. 午睡后

(1) 用美妙的音乐唤醒幼儿。

(2) 关注幼儿起床后的如厕环节。

(3) 严格进行起床后的午检并做好记录，为女孩梳头。

(4) 利用评比栏，培养幼儿的生活自理能力。

(5) 建立"值日生"管理制度，让值日生帮助检查穿衣情况，培养幼儿的自我管理能力。

(三) 协教教师

1. 午睡前

(1) 提醒个别忘记上厕所的幼儿及时如厕，并关注排便不定时的幼儿。

(2) 提醒或指导幼儿脱衣裤、鞋袜，养成整齐放置衣物的习惯。

(3) 与主班教师做好交接工作。

2. 午睡后

(1) 指导或帮助幼儿穿衣裤、鞋袜，整理床铺。

(2) 协助整理幼儿仪表。

(3) 督导幼儿起床后自查。

(4) 协助保育教师整理寝室卫生。

(四) 保育教师

1. 午睡前

(1) 做好午睡前的准备工作，如调节室温、拉上窗帘、播放轻音乐等。

(2) 指导或帮助幼儿脱衣裤、鞋袜。

(3) 指导幼儿整理脱下的衣裤、鞋袜，并摆放整齐。

2. 午睡后

(1) 指导或帮助幼儿穿衣裤、鞋袜。

(2) 将幼儿被子翻面，保持被子干爽透气，指导或帮助幼儿整理床铺。

(3) 为尿床的幼儿及时更换衣物，清洗后晒干。

(4) 幼儿起床后，根据季节及时开窗通风，整理打扫寝室卫生。

(5) 用紫外线灯管或艾叶(熏蒸)对活动室及教室进行空气消毒。

(6) 做好午点前的分餐工作。

(五) 保健医生

1. 检查幼儿午睡环境的创设是否合理(卧室的温度、通风情况及亮度)。

2. 检查幼儿的入睡率以及盖被情况。

3. 检查班级教师是否巡视或帮助有特殊情况的幼儿入睡。

4. 给生病的幼儿喂药，与班级教师交流生病幼儿午睡时的情况并给予特别关照。

5. 巡查幼儿起床后的着装情况。

五、幼儿常见问题与解决策略

幼儿常见问题	解　决　策　略
穿脱衣服不够专注，较随意	1. 避免幼儿睡觉前做剧烈运动，游戏多以静为主。 2. 多关注和陪伴午睡习惯较差、入睡困难的幼儿，鼓励他们每天进步一点点。 3. 结合幼儿的年龄特点和兴趣，通过游戏、竞赛、睡前欣赏、甜蜜分享等活动来帮助幼儿练习穿脱和整理衣物，如开展“我的方法好又多”“能干的我”等活动，让幼儿自主探索、总结出好的方法。
睡姿不良	1. 制作生动的课件，让幼儿了解不良睡姿对身体的影响。 2. 午睡时，教师多巡视、多关注，及时提醒和帮助幼儿调整睡姿。 3. 与家长多交流沟通，通过家园合作，帮助幼儿逐步养成正确的睡姿。

扫描二维码，欣赏中班午睡环节的视频

第三节　大班午睡环节的组织

一、目标定位

1. 养成每天按时睡觉和起床的习惯。

2. 情绪稳定，能独立入睡，睡眠姿势正确。

3. 能根据天气变化增减衣服，会自己系鞋带。

4. 有便意、身体不适或发现同伴有异常情况时能主动告诉教师。

5. 会自己折叠被子，并能按类别整理自己的物品。

6. 主动将与睡眠无关的物品交给教师保管。

二、环境创设

1. 根据大班幼儿的兴趣和需要，把起床步骤图、穿脱衣裤的步骤图等图片布置在寝室墙上，供幼儿欣赏和自由讨论，激发幼儿探索及动手操作的兴趣。

2. 借助形象生动的图片，提高幼儿的自我服务及动手能力。

图示参考 1：起床四件事

穿衣服→穿裤子→穿鞋子→整理被子

图示参考 2：穿脱鞋子、衣裤步骤（见小班穿脱鞋子、衣裤步骤及图示参考）

图示参考 3：穿套头衫步骤

双手抓住两边衣角，将衣服正面贴在肚子上→头钻入领口→将一只胳膊伸进袖子→再穿另一只胳膊→将衣身放下→理好衣服、衣边

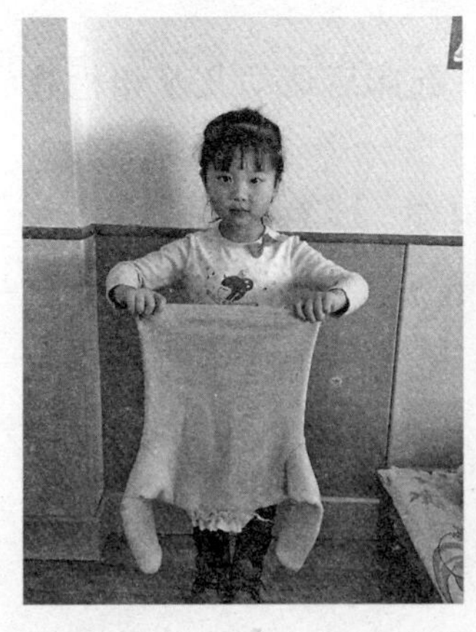

① 双手抓住两边衣角，将衣服正面贴在肚子上

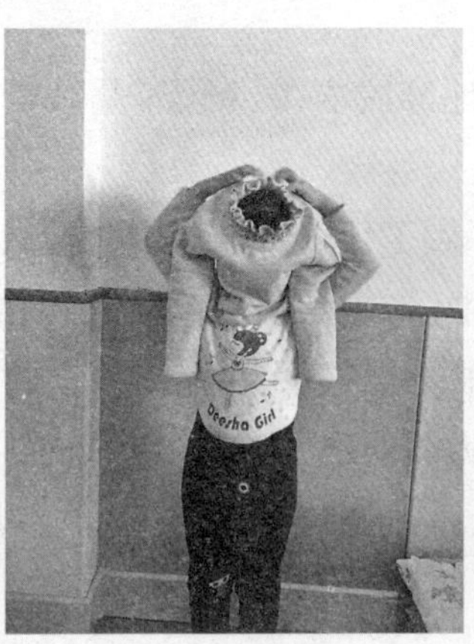

② 头钻入领口

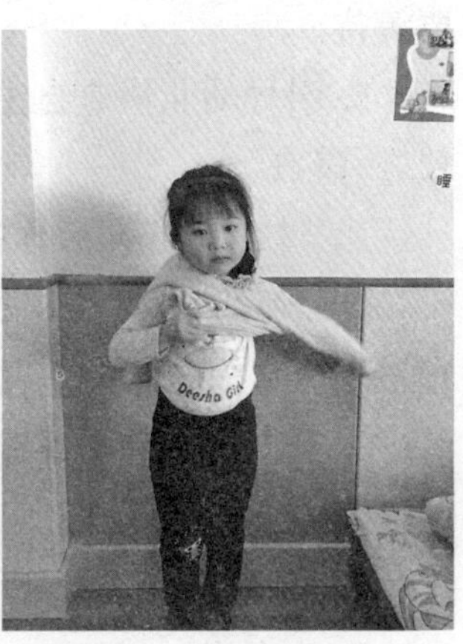

③ 将一只胳膊伸进袖子

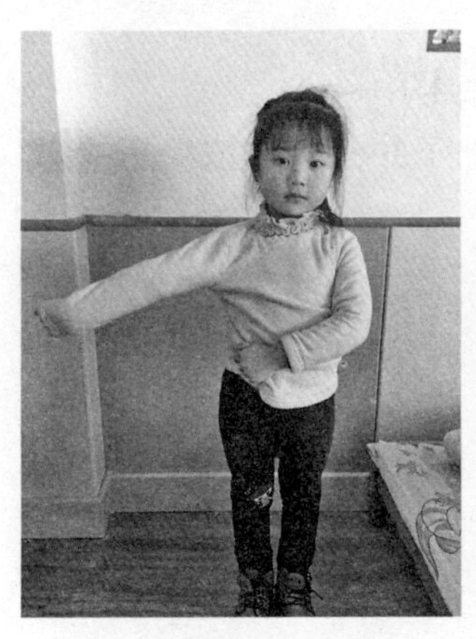

④ 再穿另一只胳膊

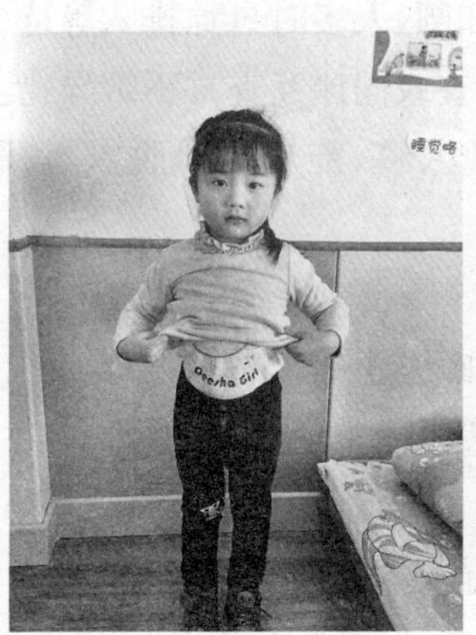

⑤ 将衣身放下

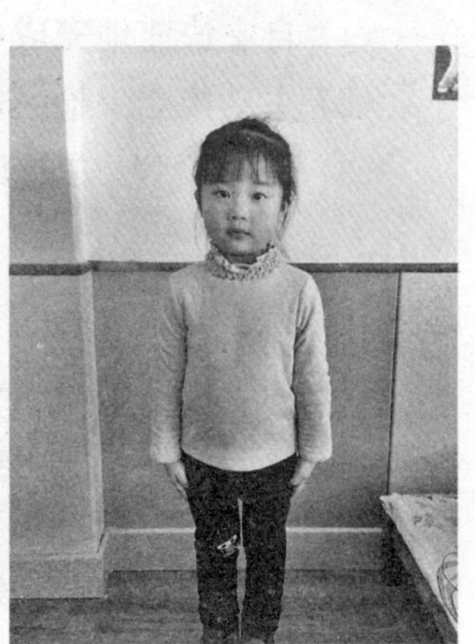

⑥ 理好衣服、衣边

三、组织过程

1. 午睡前组织幼儿自主有序地散步或进行安静的活动，如阅读、区域自选活动、睡前小讨论等。

2. 营造温馨的环境，做好幼儿午睡前的准备，如拉上窗帘、播放轻音乐等。

3. 幼儿自主如厕和主动接受午检。

4. 观察幼儿睡眠及盖被情况，安抚入睡困难的幼儿，纠正幼儿的不良睡姿，做好午睡情况的记录。

5. 午睡后播放轻音乐，提醒动作慢的幼儿不要拖拉，依赖性较强的幼儿不要等待。

6. 引导幼儿快速自主地穿脱衣裤、鞋子，叠被子。起床后请幼儿互相检查仪容、仪表。

(1) 教师：起床后你都做了什么？过程中有什么困难？该怎么做呢？

(2) 师幼共同梳理：翻好衣领→拉好拉链或扣扣子→整理衣服及衣边→整理裤子→整理鞋袜→整理被子。

7. 及时帮助和指导能力弱的幼儿。

四、行为指南

(一) 幼儿

1. 午睡前

(1) 自主快速地完成如厕，人多时自觉排队等待。

(2) 主动接受午检(自查或同伴互查)，不带异物上床。

(3) 情绪愉悦、安静地入寝，能快速地脱衣裤、鞋子并将衣物按要求叠放整齐。

2. 午睡中

(1) 能尽快安静入睡，睡姿正确。

(2) 有便意或身体不适时能主动告知教师。

3. 午睡后

(1) 能快速正确地穿好衣裤、鞋袜。

(2) 会自己叠被子，整理好床铺。

(3) 人多时能自觉排队等候，有序地喝水、如厕。

(4) 起床后自觉接受午检(教师检查或同伴互检)，整理仪表。

(5) 女孩自主梳头或同伴互助梳头。

(二) 主班教师

1. 午睡前

(1) 组织幼儿开展安静的活动，如散步、听故事、听轻音乐等。

(2) 进行午检并做好记录：清点幼儿人数；提示幼儿主动将小物件集中放在一起，避免午睡时玩耍发生意外；帮助女孩摘下头饰(放入收纳袋)。

(3) 检查是否有精神状况不佳的幼儿。

(4) 营造安静、温馨的午睡氛围，让幼儿听故事或舒缓优美的音乐。

(5) 秋冬季时，能运用多种方式引导幼儿知道穿脱衣服的数量及顺序。

(6) 与协教教师做好交接班工作。

2. 午睡中

(1) 安抚入睡困难的幼儿，提醒有尿意的幼儿及时如厕。

(2) 加强巡视并陪伴没有入睡的幼儿，及时帮助幼儿盖好被子及纠正不良睡姿。

(3) 不离岗，不躺在幼儿床上，不串班、不聊天，保持安静。

(4) 轻声唤醒易尿床的幼儿，让他们去如厕，及时安抚睡中惊醒的幼儿。

(5) 关注每一名幼儿的午睡情况，做好午睡的情况记录，观察患病幼儿是否发烧，如发现异常情况，采取相应措施处理，必要时通知保健医生、家长，并及时带幼儿去医院就诊。

3. 午睡后

(1) 用美妙的音乐唤醒幼儿。

(2) 帮助幼儿整理仪表。

(3) 关注幼儿起床后的如厕环节。

(4) 起床后严格进行午检并做好记录。

(5) 帮助能力较弱的女孩梳头。

(三) 协教教师

1. 午睡前

(1) 提醒个别忘记上厕所的幼儿及时如厕，关注排便不定时的幼儿。

(2) 提醒幼儿有序脱衣裤、鞋袜，养成整齐放置衣物的习惯。

(3) 与主班教师做好交接工作。

2. 午睡后

(1) 指导或提醒幼儿用正确的方法穿衣裤、鞋袜，整理床铺。

(2) 协助整理幼儿仪表。

(3) 督导幼儿起床后自查。

(4) 协助保育教师整理寝室卫生。

(四) 保育教师

1. 午睡前

(1) 做好午睡前的准备工作,如调节室温、拉上窗帘、播放轻音乐等。

(2) 提醒或指导幼儿自主、快速地脱衣裤、鞋袜并整理好。

2. 午睡后

(1) 指导幼儿穿衣裤、鞋袜。

(2) 将幼儿被子翻面,保持被子干爽透气,指导幼儿整理床铺。

(3) 为尿床的幼儿更换衣物,清洗后晒干。

(4) 幼儿起床后,根据季节及时开窗通风,整理打扫寝室卫生。

(5) 用紫外线灯管或艾叶(熏蒸)对活动室及教室进行空气消毒。

(6) 做好午点前的分餐工作。

(五) 保健医生

1. 检查幼儿午睡环境的创设是否合理(卧室的温度、通风情况及亮度)。

2. 检查幼儿的入睡率以及盖被情况。

3. 检查班级教师是否巡视或帮助有特殊情况的幼儿入睡。

4. 给生病的幼儿喂药,与班级教师交流生病幼儿午睡时的情况并给予特别关照。

5. 巡查幼儿起床后的着装情况。

五、幼儿常见问题与解决策略

幼儿常见问题	解 决 策 略
主动性不强,磨蹭拖拉	1. 教师站位要合理,及时发现问题,指导和提醒幼儿。 2. 开展一些竞赛性游戏,提高幼儿自主探索的能力及竞争意识。 3. 围绕午睡过程中出现的问题引导幼儿展开讨论,如:脱下的衣物如何摆放?磨蹭怎么办?
整理仪表、着装的依赖性较强	1. 通过示范、图示引导等方法指导幼儿学会自己整理。 2. 推选值日生,由值日生负责提醒幼儿。 3. 鼓励幼儿之间互帮互助,互相检查。 4. 针对幼儿整理过程中的难点加以重点指导帮助。

第七章

点心环节的组织

幼儿新陈代谢旺盛，生长发育和生活活动所需的营养和能量较多。为了满足幼儿快速生长发育的需要，幼儿园一日生活除了安排正餐，还会安排点心环节。这是幼儿在园不可缺少的一个生活环节，它重在培养幼儿良好的饮食习惯和进餐能力，对幼儿健康成长起着重要的作用。

《指南》指出，为有效促进幼儿身心健康，成人应为幼儿提供合理均衡的营养，同时要尊重幼儿的个体差异，合理安排餐点。点心既要营养丰富又不能影响幼儿下一顿正餐的食欲。因此，提供的食物品种、配置与时间安排都要有所选择与控制。进食点心的最佳时间段为上午 9:00—10:00 和下午 13:00—14:00。点心的配备应该多样化，营养均衡，并且食物应该安全可靠。点心的类型主要有牛奶、酸奶、奶酪、水果、干果、蔬菜、绿豆汤等，还有少量谷类。同时还需要注重干、湿搭配，甜、咸搭配。

教师还应该注重对幼儿饮食行为习惯和自主性的培养。小班幼儿在进食点心前，要知道有序地到盥洗室洗净双手，有序、定量地拿取点心，愉悦地进食，不大声交流，吃好后乐意收捡餐具。对于中、大班的幼儿，要更加注重培养他们自主进食点心的习惯和规则意识。如：进食点心前能自主地把手洗净，然后再根据自己的需要拿取点心；如果看到取点心的幼儿很多，要自主排队，耐心等待，不推挤；尝试自己倒、自己拿、自己吃、自己整理，在自主、温馨、有序的氛围中享受进食点心的整个过程。

在点心环节，教师需要根据幼儿的年龄特点和体质采取不同的教育策略，指导和帮助幼儿养成良好的饮食行为习惯。

第一节　小班点心环节的组织

一、目标定位

1. 知道进食前要洗净双手，养成良好的卫生习惯。

2. 学习定量领取点心，并在规定时间内进食完。

3. 喜欢吃水果、蔬菜、面点等新鲜食物，并做到不挑食。

4. 学习正确的进食点心的方法，并有自我保护意识。

5. 能自主收捡餐具。

二、环境创设

1. 在生活区墙面上张贴各种水果、蔬菜、面点等的图片，激发幼儿进食的兴趣。

2. 教师制作点心记录表，小班幼儿学习用简单的方式（如用贴纸或其他幼儿喜欢的方式）在上面进行记录，便于教师能及时了解幼儿进食点心的情况。

3. 播放幼儿熟悉的音乐，营造温馨的进食环境。

4. 根据小班幼儿的年龄特点制作进食点心的步骤图（可以是简笔画或照片的形式）。

图示参考：吃点心步骤

在教师指导下洗手→自主拿餐盘取点心→记录进食的点心→愉悦地进食点心→放餐具→在教师指导下漱口、洗手、擦嘴

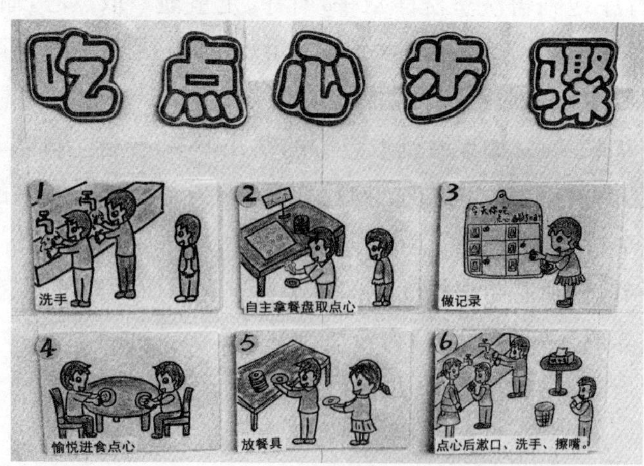

三、组织过程

1. 提醒幼儿自主进食点心，明确进食点心的要求。

2. 在轻柔的音乐声中引导幼儿自主选择点心，教师巡回观察指导，注意幼儿的行为与礼仪，如：观察幼儿在人多时是否能有序、定量地拿取食物并及时做好记录；在进食时是否能坐姿端正，正确使用餐具，细嚼慢咽；是否懂得保持桌面、地面、衣服的整洁干净。

3. 提醒幼儿将果皮或食物残渣倒入垃圾桶，将餐盘、餐巾等餐具分类并轻放到适宜的位置，指导幼儿用正确的方法漱口、洗手、擦嘴。

4. 关注点心记录表，提醒还没有进食点心的幼儿去吃点心。

5. 与幼儿适时交流进食点心的情况，根据现场情况给予鼓励或提出注意事项，让好的做法变成幼儿的共享经验，让不好的行为逐步得以纠正，培养幼儿良好的饮食习惯。

教师：刚才你吃点心了吗？吃了什么？吃点心时你是怎样做的？

6. 师幼共同收拾场地，开始下一个活动。

四、行为指南

(一) 幼儿

1. 吃点心前

(1) 在教师指导下能在进食点心前洗手、喝水。

(2) 能自己搬椅子坐到餐桌前。

(3) 知道多吃水果、蔬菜等食物对身体有好处。

2. 吃点心中

(1) 能有序、自主、定量地拿取食物并做好记录。

(2) 正确使用餐具，学习吃不同食物的方法。

(3) 细嚼慢咽，轻言细语。

(4) 保持衣服、桌面、地面干净整洁。

3. 吃点心后

(1) 乐意收拾餐桌，并将餐具送回指定位置。

(2) 练习用正确的方法漱口、擦嘴、洗手。

(3) 乐意跟随教师进行餐后活动。

(二) 主班教师

1. 吃点心前

(1) 播放幼儿熟悉的音乐,营造温馨的进食环境。

(2) 用形象有趣的语言向幼儿介绍各种食物的营养价值,激发幼儿进食的欲望。

(3) 检查所提供的食物温度是否适宜,是否已清洗干净、去皮、剔核、切块等。

2. 吃点心中

(1) 关注幼儿进食的情况,并及时进行指导。

(2) 鼓励幼儿吃各种食物,做到不挑食、不偏食,独立吃完自己的食物。

(3) 关注有特殊情况的幼儿,如有口腔溃疡和食物过敏的幼儿,根据其需要给予更细致的照顾。

(4) 指导和提醒幼儿用简单的方法做进食记录。

3. 吃点心后

(1) 指导幼儿用正确的方法漱口、洗手、擦嘴。

(2) 组织幼儿进行餐后活动。

(三) 协教或保育教师

1. 吃点心前

(1) 提前对餐具和桌面进行消毒。

(2) 组织幼儿有序地排队洗手。

(3) 提供温度适中的食物,避免烫伤幼儿,把食物和容器摆放在安全位置。

(4) 根据食物种类提前做好准备。如需要根据当天幼儿人数,按照保健医生的要求准备奶粉的量,然后按食用说明冲调牛奶;需要提前用清洗液把水果清洗干净,去蒂、削皮、剔核、去壳、切块等。

2. 吃点心中

(1) 指导幼儿用正确的方法进食点心。

(2) 关注和指导能力较弱的幼儿。

(3) 提醒幼儿喝牛奶时要用双手端着碗或杯子喝。如提供只需加热的饮用奶时,教师要用消过毒的剪刀剪开牛奶袋的一角,并帮助幼儿把牛奶倒入碗或水杯中。

3. 吃点心后

(1) 提醒幼儿进食完点心后收拾和整理餐具。

(2) 做好收拾整理及消毒工作。

（四）保健医生

1. 关注幼儿进食的环境是否适宜，班级教师的指导是否适合。

2. 记录幼儿对各种食物的喜爱程度。

3. 关注幼儿进食的卫生习惯的养成及保育员的清洁工作情况。

五、幼儿常见问题与解决策略

幼儿常见问题	解　决　策　略
不会正确使用餐具	适当地进行示范、指导和提醒，也可以在娃娃家提供各种餐具，让幼儿在游戏中反复练习和操作。
进食前不自觉洗手	利用故事引导幼儿，让幼儿懂得吃东西前要洗手，养成良好的进食习惯。同时教师也要适当地提醒，必要时给予帮助和指导。
不爱吃水果	1. 开展多种主题活动，如：通过“好吃的水果”引导幼儿了解水果的营养，鼓励幼儿爱吃水果。 2. 利用环境的隐性指导，创设“我爱吃水果”的互动环境，引导幼儿爱吃各种水果。 3. 采用游戏或拟人化的口吻引导幼儿快乐地进食点心，如：我们都是小猴子，大口大口吃桃子。
喜欢边吃边玩，吃得少且慢，不能在规定时间内吃完点心	1. 教师可以选择进食点心行为习惯好的幼儿作为榜样，鼓励幼儿相互学习。班级也可开展评比活动来激发幼儿进行竞争，从而培养幼儿良好的进食习惯。 2. 用生动、形象的语言有意识地提醒幼儿专注进食，如：糕点在等着我们呢，请它们快快到我们身体里去旅行哦！要避免生硬、强制性的语言，以免使幼儿产生逆反心理。 3. 家园共育。教师要经常与家长交流沟通，了解幼儿在家中的进食情况。引进家庭教育中的经验，使幼儿园的教育更具有针对性。同时让家长了解幼儿园进食餐点习惯培养的要求及方法，使家园教育保持同步，形成合力。建议家长在家中为幼儿创设良好、温馨的餐点环境，为幼儿树立正确的榜样。

第二节　中班点心环节的组织

一、目标定位

1. 进食点心前能自主洗手，养成良好的卫生习惯。

2. 能够自主进食点心，不挑食，能在规定时间内进食完定量的点心。

3. 在教师的指导下，能主动收拾餐具并放在指定位置。

4. 喜欢吃水果、蔬菜、面点等新鲜食物。

二、环境创设

1. 根据中班幼儿的年龄特点，师幼共同商量、制作进食点心的步骤图。

2. 在生活区墙面上张贴水果、蔬菜、面点等的图片，并附上其营养价值的简要说明，一方面能提高幼儿对文字的兴趣，另一方面能激发挑食、偏食的幼儿对这些食物的兴趣。

3. 师幼共同商讨，制作点心记录表。

4. 播放轻音乐，营造温馨的进食环境。可以根据幼儿的意愿选择他们喜欢的音乐。

图示参考：吃点心步骤

有序洗手→自主拿餐盘取点心→记录进食的点心→愉悦地进食点心→自主收捡餐具→自主漱口、洗手、擦嘴

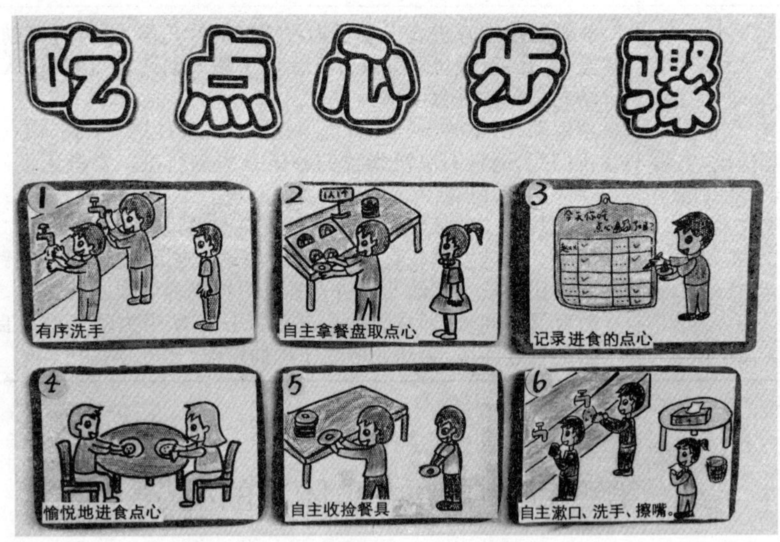

三、组织过程

1. 让幼儿在愉悦的氛围中自主选择食物，教师巡回观察指导，注意幼儿的

行为与礼仪,如:人多时,幼儿是否能自主排队拿取点心;进食时是否能细嚼慢咽,不挑食,不大声交流。

2. 提醒个别幼儿学会自主收捡餐具,并用正确的方法漱口、洗手、擦嘴。

3. 关注进食点心记录表,提醒还没有进食点心的幼儿去吃点心。

4. 与幼儿适时交流进食点心的情况,根据现场情况给予鼓励或提出注意事项,让好的做法变成幼儿的共享经验,让不好的行为逐步得以纠正。

教师:你喜欢吃今天的点心吗?吃点心时你是怎样做的?

5. 师幼共同收拾场地,开始下一个活动。

四、行为指南

(一) 幼儿

1. 吃点心前

(1) 进食前,能自主洗手、喝水。

(2) 有序地搬椅子坐到餐桌前。

(3) 知道多吃水果、蔬菜等食物对身体有好处,不挑食,不偏食。

2. 吃点心中

(1) 能自主、定量地拿取食物并做记录。

(2) 安全使用餐具,掌握吃不同食物的方法。

(3) 细嚼慢咽,控制音量不发出较大的声音。

(4) 保持衣服、桌面、地面干净整洁。

3. 吃点心后

(1) 能自主收拾餐桌,并将餐具送回指定位置。

(2) 能用正确的方法漱口、擦嘴、洗手。

(3) 跟随教师进行餐后活动。

(二) 主班教师

1. 吃点心前

(1) 播放幼儿熟悉的音乐,营造温馨的进食环境。

(2) 介绍当天的食物,让幼儿简单地了解这些食物的营养价值,激发他们进食的兴趣。

(3) 通过讲故事或者树立班级榜样等方式,鼓励幼儿吃各种食物,不挑食,不偏食。

2. 吃点心中

(1) 提醒幼儿小声交流,在规定时间内吃完自己的食物。

(2) 及时鼓励挑食、偏食的幼儿尝试各种食物。

(3) 指导幼儿将带核的水果尽量吃干净,避免浪费。有核的水果如苹果、梨等,应尽量吃到果核根部。瓜类水果如西瓜等,应将皮上的果肉啃干净。

3. 吃点心后

(1) 提醒幼儿用正确的方法洗手、漱口、擦嘴,针对个别幼儿的情况进行单独指导。

(2) 组织幼儿进行餐后活动。

(三) 协教或保育教师

1. 吃点心前

(1) 提前对餐具和桌面进行消毒。

(2) 提醒幼儿洗手。

(3) 为有特殊情况的幼儿(如对牛奶、鸡蛋等过敏的幼儿)准备合适的食物。

2. 吃点心中

(1) 提醒幼儿自主、按量地拿取食物,并及时做好记录。

(2) 关注能力弱的幼儿并及时进行指导。

(3) 关注进食记录表,根据记录情况提醒未按时进食的幼儿去吃点心。

3. 吃点心后

(1) 提醒幼儿自主收拾和整理餐具。

(2) 做好收拾整理及消毒工作。

(四) 保健医生

1. 记录幼儿进食点心是否定时、定量。

2. 关注班级教师是否为有特殊情况的幼儿(如对牛奶、鸡蛋等过敏的幼儿)准备了合适的食物。

五、幼儿常见问题与解决策略

幼儿常见问题	解决策略
不主动收拾整理餐具	可以开展“比比谁的小手最能干”的活动,通过引导幼儿竞争,让幼儿能够主动积极地收拾整理,过程中教师要及时给予鼓励和表扬。

（续表）

幼儿常见问题	解　决　策　略
进食后，不自主漱口、洗手、擦嘴	1. 教师要发挥环境的教育作用，制作和张贴正确进食的步骤示意图。在幼儿进食时，可以适当地给予提醒和指导。 2. 中班幼儿的自控能力有一定程度的增强，也已形成了一定的规则意识，教师可以和他们一起讨论进食时需要注意些什么，进食完后需要做什么。在讨论的过程中，让幼儿自己发现问题，并引导他们制定相关的规则。
挑食、偏食	1. 对于挑食、偏食的幼儿，教师可以通过创设种植园、娃娃餐厅等区域，让幼儿在自己种植蔬菜、制作食品的过程中获得积极的体验，对食物有新的认识，从而逐步改正挑食、偏食的毛病。 2. 采取榜样法激励幼儿。教师可在班上树立进食环节的榜样，号召幼儿向榜样学习，同时也要及时鼓励有进步的幼儿，帮助幼儿养成良好的进食习惯。
吃带壳（皮）的水果时，不知道怎么剥壳（皮）	1. 教师应正确示范，教给幼儿正确的剥皮（壳）方法，适时地运用谜语、儿歌、讨论等方式激发幼儿自己动手的兴趣。 2. 在生活区投放相关的材料，让幼儿反复练习操作，逐渐能够掌握方法；还可以开展这方面的技能比赛活动，让幼儿的生活技能在比赛中得以提升。 3. 请家长在家有意识地培养幼儿这方面的能力。

扫描二维码，欣赏中班点心环节的视频

第三节　大班点心环节的组织

一、目标定位

1. 人多时能够自觉有序地排队，自主拿取点心。

2. 初步了解各种点心的营养知识，懂得均衡膳食对身体有益，能做到不挑食、不偏食。

3. 用完的餐具能自己冲洗干净。

4. 能遵守用餐规则和礼仪。

二、环境创设

1. 教师可为幼儿提供制作各种点心的图片、视频，或者带幼儿实地参观，让幼儿了解点心制作的过程。条件允许的情况下，教师可以在生活区为幼儿提供材料，让幼儿体验制作点心。

2. 师幼共同商讨，制作进食点心步骤图。

3. 教师与幼儿一起制作、张贴点心记录表，幼儿商讨记录形式。大班幼儿可以学习用常见的符号或者图形进行记录。

4. 播放轻音乐，营造温馨的进食环境。可根据幼儿的意愿选择他们喜欢的音乐。

图示参考：吃点心步骤

自主有序地洗手→自主拿餐盘取点心→记录进食的点心→愉悦地进食点心→自主收捡餐具→自主漱口、洗手、擦嘴→值日生收拾整理餐具

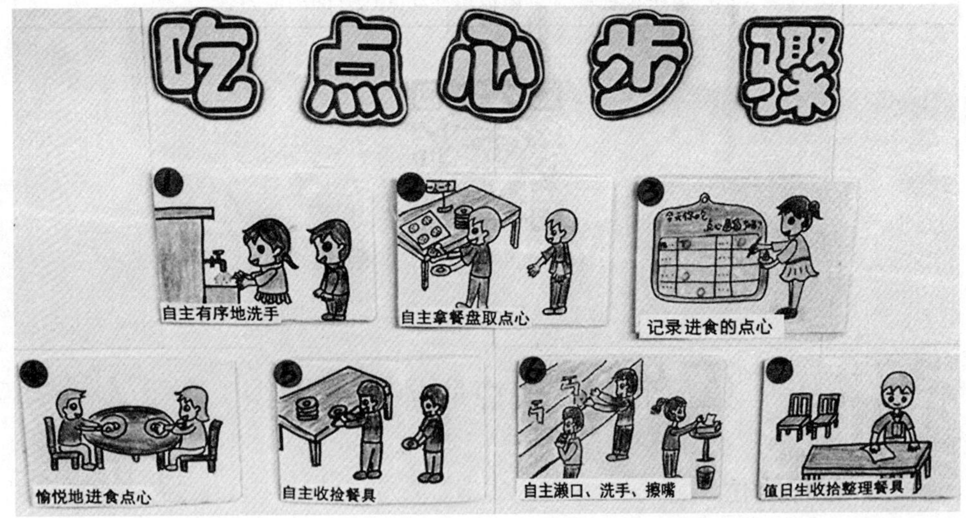

三、组织过程

1. 让幼儿在愉悦的环境中自主选择食物。教师巡回观察，提醒幼儿做到文明进食，不挑挑拣拣，不暴饮暴食，轻声交流不打扰别人。

2. 关注进食点心记录表，提醒还没有进食点心的幼儿去吃点心。

3. 指导值日生协助收拾整理餐具。

4. 与幼儿适时交流进食点心的情况，根据现场情况或鼓励或提出注意事项，让好的做法变成幼儿的共享经验，让不好的行为逐步得以纠正。

教师：你的点心吃完了吗？你知道这些点心的营养价值吗？你的餐具收捡好了吗？

5. 师幼共同收拾场地，开始下一个活动。

四、行为指南

（一）幼儿

1. 吃点心前

（1）能自觉、有序地洗手。

（2）值日生介绍当天的食物的名称、营养价值等。

（3）知道多吃水果、蔬菜等食物对身体有好处，不挑食，不偏食。

2. 吃点心中

（1）能有序、自主、定量地拿取食物。

（2）安全使用餐具，掌握吃不同食物的方法。

（3）做到细嚼慢咽，尽量保持安静。

（4）保持衣服、桌面、地面干净整洁。

3. 吃点心后

（1）能自主收拾餐桌，并将餐具送回指定位置。

（2）会用正确的方法漱口、擦嘴、洗手。

（3）主动跟随教师进行餐后活动。

（二）主班教师

1. 吃点心前

（1）营造愉悦的进食环境，让幼儿能够愉快地进食点心。

（2）提醒值日生介绍食谱并简单介绍食物的营养价值，让幼儿懂得均衡膳食对身体有益。

2. 吃点心中

（1）不批评、不催促，多鼓励和表扬。

（2）给予有特殊情况的幼儿更细微的照顾。

(3) 提醒幼儿尽量将带核的水果吃干净，避免浪费。

3. 吃点心后

(1) 提醒幼儿及时漱口、擦嘴、洗手。

(2) 组织幼儿进行餐后活动。

(三) 协教或保育教师

1. 吃点心前

(1) 协助值日生做好进食前的各项准备工作。

(2) 为有特殊情况的幼儿(如对牛奶、鸡蛋等过敏的幼儿)准备合适的食物。

2. 吃点心中

(1) 提醒幼儿小心进食需要吐核的水果，如荔枝、橘子等。

(2) 关注有特殊情况的幼儿，及时给予指导和帮助。

3. 吃点心后

(1) 指导和协助值日生进行收拾、整理等工作。

(2) 做好收拾整理及消毒工作。

(四) 保健医生

1. 记录幼儿挑食、偏食的情况。

2. 关注幼儿是否能用正确的方法吃带壳(核)的食物。

五、幼儿常见问题与解决策略

幼儿常见问题	解决策略
见到自己喜欢吃的点心无节制，不能按照规定的量进食	1. 无论是什么食物，教师应对幼儿的进食量做到心中有数。幼儿吃完规定的份量后若想再吃一些，可适当添加，但是不能超出规定量太多。同时教师应劝解幼儿："晚餐还有更好吃的呢，要给肚子留点空间啊！" 2. 通过讲故事的环节，组织幼儿进行谈话和讨论，让他们懂得吃任何食物都要定量，且食物多样化，营养才能均衡。
自主拿取食物时挑挑拣拣，喜欢挑多的、大的	1. 很多水果放在一起，幼儿往往目不暇接，不知道拿哪一个，总是觉得哪一个都比自己手里的顺眼，于是就出现挑拣的现象。教师应引导幼儿学会"用眼睛挑选好，再用手去拿，不用手挑拣"。同时，教师在给水果切块时，也应当尽量切得均匀，尽量提供大小均匀、多品种的食物。 2. 利用讲故事、唱儿歌等活动，让幼儿学会谦让，懂得尊重他人，知道要与他人分享，不要自私自利。

(续表)

幼儿常见问题	解 决 策 略
不爱吃面点	1. 帮助幼儿了解面点的营养价值,让幼儿知道多吃面食对身体有益。 2. 把各种面点制作成幼儿喜欢的小动物造型或动画片里的人物造型,激发幼儿的食欲。 3. 在班级生活区开展制作面点活动,让幼儿自己动手制作面点,并将做出来的成品与大家分享,使幼儿从中获得成就感,逐渐爱上面点。 4. 家园共育。帮助家长树立科学的膳食观,让家长深刻了解挑食、偏食的危害性,提高家长的主动性,自觉为幼儿树立好榜样。可制定一套幼儿食谱搭配的方案给家长参考。其中幼儿不喜欢吃的、不敢吃的,也要让幼儿试着品尝。强调饮食品种要多样化,饮食要定时、定量。

第八章

离园环节的组织

幼儿园一日生活的最后一个环节是离园，时间一般在16:30—18:00之间。它是幼儿幼儿园一日生活的结束，是让幼儿身心放松进行整理的阶段，也是幼儿园一日生活的重要组成部分。

离园环节的工作包括清点幼儿人数、组织幼儿活动、接待家长、填写离园交接记录、清理幼儿活动区域、准备第二天的工作等。这些工作中最重要的是组织幼儿安全有序地做好离园的准备以及接待家长。

如何让这一环节更加合理有序，为幼儿愉快的一天生活画上圆满的句号，是幼儿园每一位一线教师需要钻研的问题。幼儿在不同年龄段的身心发展的水平不一，来园时间也不尽一致，在离园环节的表现和需求就不尽相同。

托班和小班幼儿年龄小，长时间见不到家人，离园时会有许多的情绪反应，如：渴望见到家人的心情急迫，整理、归位意识不足，没有安全感，不能投入地玩……这些都会影响幼儿在其他方面的活动和表现。因此幼儿离园时，教师要引导幼儿保持稳定、愉悦的情绪，让他们乐意参与活动，体验与教师、同伴相处的快乐。同时，还要积极带领幼儿一起参与环境整理、仪表整理，进行自我服务，帮助幼儿建立初步的归位意识，让幼儿学习简单的整理技能，逐渐摆脱对成人的依赖，使幼儿感受到自己的能干，树立自信心。

中班和大班幼儿已经适应了幼儿园生活，能积极主动地参与离园活动，等待家长来接。同时，家长也不再急于接幼儿离园，离园时间可以相对延后。但是随着幼儿自理能力、语言表达能力以及交往能力的提高，在离园环节上又出现了新的问题。比如情绪高涨，挑战规则意识强；喜欢关注他人，频繁告状；热衷于离园活动，不愿离园；离园整理时容易丢三落四……面对中、大班幼儿离园环节中存在的问题，教师要积极引导幼儿学习控制自己的情绪和行为，活动中不争抢、不

打闹、不过度兴奋。同时，教师要帮助幼儿逐步掌握表达情感与交往合作的技能，引导幼儿用正确的交往方式与同伴友好相处，学习发现同伴的优点，以积极的心态评价、赞美同伴。另外，教师要时常鼓励幼儿做事认真仔细，不磨蹭、不拖拉，引导幼儿逐步养成良好的生活、学习习惯。最后，教师还要帮助幼儿理解并清楚地记住小任务，引导他们愿意完成小任务，不断增强责任意识。

所以，在离园活动环节中，教师应该做好充分的准备，创设一个温馨、安静的氛围。教师可根据实际情况，适时地组织有目的、有计划的活动，抓住环节活动中有价值的教育契机，实施有效的指导和帮助，以满足幼儿各方面的需要，使幼儿的离园状态既兴奋愉悦又稳定放松，使幼儿的离园活动既充实有趣也轻松自然。

第一节　小班离园环节的组织

一、目标定位

1. 在教师的引导下参与离园活动，情绪基本稳定。
2. 在教师的帮助与指导下学习整理自己的物品及仪表。
3. 离园时能使用礼貌用语向教师、同伴道别。
4. 有初步的安全意识，知道不跟陌生人走。

二、环境创设

1. 根据幼儿的年龄特点和教室的整体环境来设计、制作离园步骤图。
2. 播放温馨愉悦的轻音乐，营造快乐的离园氛围。
3. 与幼儿讨论开心的事，让幼儿带着愉悦的心情离园。
4. 开展形式多样的活动，对幼儿进行有针对性的教育。

图示参考：离园步骤

(1) 幼儿离园活动步骤

离园前盥洗→整理仪表、物品→回顾在园趣事→参加离园活动→将物品归位→将椅子摆放整齐→背上书包→礼貌道别

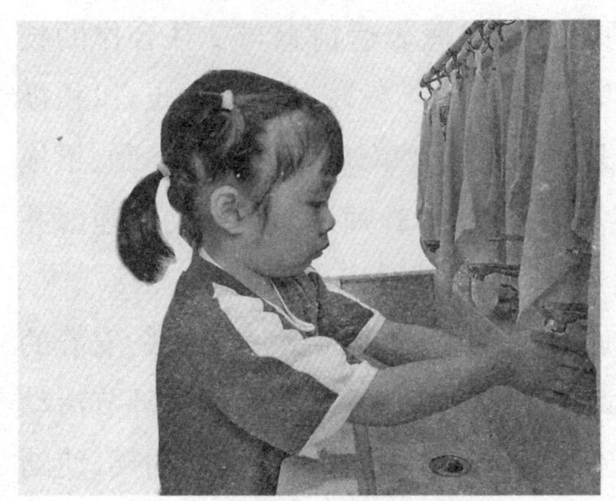
① 离园前盥洗

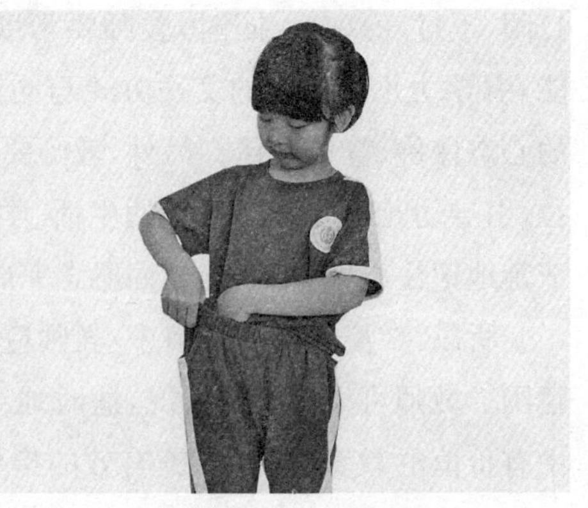
② 整理仪表、物品

③ 回顾在园趣事

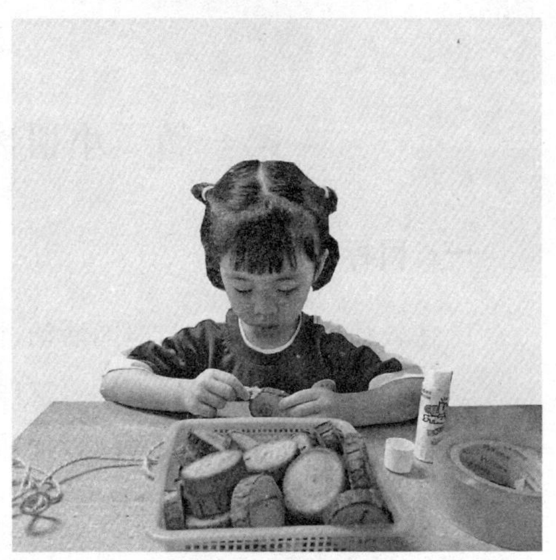
④ 参加离园活动

⑤ 将物品归位

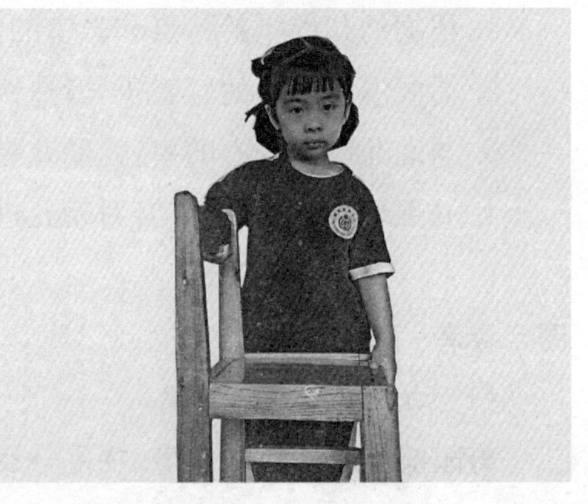
⑥ 将椅子摆放整齐

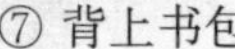

⑦ 背上书包

⑧ 礼貌道别

(2) 教师离园活动工作步骤

指导幼儿整理仪表、物品→回顾在园趣事→强调离园安全→组织离园活动→交接幼儿→礼貌道别→对未入园幼儿进行回访→做好次日教学准备→整理材料并清洁消毒→安全排查，关闭水电、门窗并做好记录

① 指导幼儿整理仪表、物品

②回顾在园趣事

③ 强调离园安全

④ 组织离园活动

⑤ 交接幼儿

⑥ 礼貌道别

⑦ 对未入园幼儿进行回访

⑧ 做好次日教学准备

⑨ 整理材料并清洁消毒

⑩ 安全排查，关闭水电、门窗并做好记录

(3) 家长离园活动步骤

主动出示接送卡→观察幼儿仪表→与教师简短交流→礼貌道别

① 主动出示接送卡

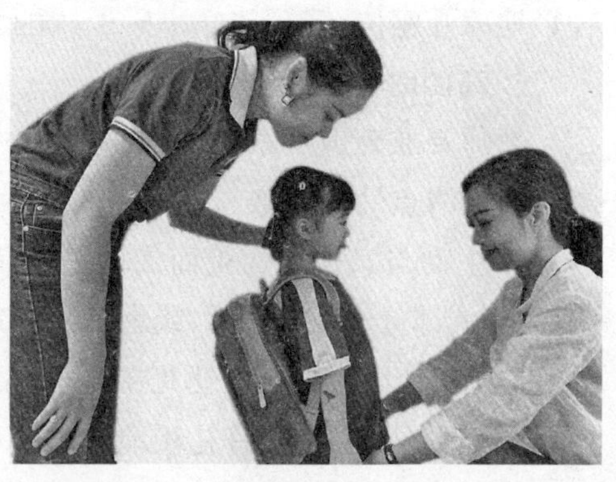

② 观察幼儿仪表

③ 与教师简短交流

④ 礼貌道别

三、组织过程

1. 教师指导并帮助幼儿进行离园盥洗。

2. 幼儿在教师的指导和帮助下整理仪表及物品。

3. 教师与幼儿回顾一日在园的趣事，消除个别幼儿的不愉快情绪，让幼儿带着开心、愉悦的心情回家，为第二天来园奠定良好的心理基础。

教师：马上就要见到自己的爸爸妈妈了，想一想今天都有些什么开心的事要告诉他们。

4. 与幼儿一起讨论离园的安全注意事项。

教师：如果有不认识的叔叔、阿姨来接你，你要跟他(她)一起回去吗？

5. 组织幼儿进行有趣的离园活动，提醒幼儿在活动时注意安全。

教师组织幼儿安静地活动，如有家长来接，提醒幼儿将玩具物品收拾归位，轻轻地离开座位，轻轻放好小椅子，背上书包，再和老师、小朋友说再见。

6. 离园时，确保交接安全。

教师要准确识别家长，亲自将班级中的每一位幼儿交到其家长手里，做好记录并随时清点幼儿人数。

7. 主动与家长作礼貌而简短的交流，如需与家长进行比较具体、深入的交流，应等大部分幼儿离园后，或者另外约定交谈时间，避免疏忽对其他未离园幼儿的监护。交谈内容可包含幼儿在幼儿园的饮食、睡眠、游戏、学习等各方面的情况。

8. 引导幼儿主动、有礼貌地向教师和同伴道别。

教师：请牵好爸爸（妈妈）的手，家长再见！宝宝明天见！

幼儿：老师再见，小朋友再见！

家长：老师再见，小朋友再见！

9. 如家长来得晚，教师要安慰幼儿，陪伴其耐心等待。

教师：宝贝，我们不着急哦，相信这会儿爸爸妈妈已经在接你的路上了，他们一定也很想你。老师陪着你，我们一起玩游戏吧！（听故事、看图书、堆积木……）

10. 对未入园幼儿进行回访（电访）。

11. 做好第二天的教学准备工作，如环境、内容、材料等的准备。

12. 整理材料并清洁消毒。

13. 进行安全排查，关闭水电、门窗并做好记录。

四、行为指南

（一）幼儿

1. 离园前

（1）离园前盥洗。

（2）愿意参与离园活动，遵守活动规则。

（3）在教师的帮助下整理仪表和自己的物品。

2. 离园中

（1）情绪基本稳定，在教师提醒下能使用礼貌用语。

（2）根据自己的意愿选择离园活动，遵守活动规则。

（3）离园时，能根据教师的提示将玩具、材料、椅子等归位，背上书包。

(4) 不随意奔跑,能安静等待家长。

3. 离园后

(1) 离开教室时,愿意向教师和同伴道别。

(2) 不在园内逗留、游玩。

(3) 懂得跟随家人离园,不跟随陌生人走,不独自离开。

(二) 主班教师

1. 离园前

(1) 清点幼儿人数。

(2) 检查幼儿仪表是否整洁,组织幼儿安全有序地做好离园前的收拾、整理工作,如教室物品及材料的归类摆放、个人物品的整理等。

(3) 组织幼儿开展离园活动,与幼儿回顾当天的生活学习经验及趣闻。

(4) 告知幼儿回家途中及离园后的注意事项,进行安全、饮食、卫生教育。

2. 离园中

(1) 组织有趣的离园活动,提醒幼儿注意活动时保持安静。

(2) 待家长出示接送卡后,确认家长身份,与家长做好幼儿的交接。每接走一名幼儿,教师都要做好记录并随时清点幼儿人数。

(3) 主动与家长作礼貌而简短的交流,有针对性地向家长提出指导性建议,共同配合教育;如需与家长进行比较具体、深入的交流,应等大部分幼儿离园后,或者另外约定交谈时间,避免疏忽对其他未离园幼儿的监护。

(4) 有陌生人来接幼儿时,首先与家长取得联系,确认来人的身份,得到家长同意,并请来人在交接记录本上签字,之后方可把幼儿交给来人。

(5) 慎重对待有特殊要求的家庭的幼儿。

3. 离园后

(1) 面带微笑,主动向幼儿、家长道别。

(2) 如家长来得晚,安慰幼儿要耐心等待。

(3) 对未入园幼儿进行回访(电访)。

(4) 做好第二天的教学准备工作,如环境、内容、材料等的准备。

(三) 协教或保育教师

1. 离园前

(1) 组织幼儿进行离园前盥洗。

(2) 指导并帮助幼儿整理仪表,帮助幼儿整理带回家的物品。

(3) 提前整理好需分发给幼儿的物品。

(4) 打扫盥洗室，做好清洁、消毒工作。

2. 离园中

(1) 协助主班教师组织离园活动。

(2) 引导幼儿离园时将玩具、材料、椅子等归位。

(3) 随时清点幼儿人数，注意还未被接走的幼儿的情绪及安全。

(4) 家长晚来时，安慰幼儿耐心等待，与幼儿一起游戏(看书、讲故事、玩积木等)。

3. 离园后

(1) 协助主班教师做好第二天的教学准备工作。

(2) 全体幼儿离园后进行活动室设施、设备的清洁消毒和安全检查等工作。

(3) 检查门窗、水电是否关好，并做好记录。

(四) 保健医生

1. 在园门口对幼儿健康状况进行离园检查。特别是传染病流行期间，要着重观察幼儿有无流行性疾病的早期症状。

2. 检查幼儿服装是否整洁，观察幼儿情绪是否愉悦。

3. 如在一日生活的健康观察中发现个别幼儿有情况，要向他们的家长简明、扼要、客观地反馈，积极主动地争取得到家长的理解与配合，保留好相关资料，做好相关记录，并进行健康教育知识宣传。

4. 巡看并指导保育教师的卫生消毒等保育工作。

五、幼儿常见问题与解决策略

幼儿常见问题	解决策略
在离园时看见别的幼儿先被接走，特别着急焦虑	1. 离园前，教师要利用不长的时间组织幼儿开展集体活动，或用各种道具和夸张的表情给幼儿讲故事，或和幼儿一起分享今天开心的事情，或者组织幼儿进行小游戏、小律动，使他们在丰富的活动中产生欢乐和满足的情感体验，降低他们的等待焦虑。 2. 离园时，给幼儿一个微笑或者给每个幼儿一个温暖的拥抱。
等到家长来接时，缠着家长在班级一起玩，久久不肯回家	教师既要有计划地组织有趣的离园活动，满足幼儿对角色游戏、桌面游戏等的需要，又要注重对活动区域游戏性的设置，然后利用有趣的游戏活动牢牢吸引幼儿的注意力，关注幼儿的情绪反应，并实施具体有效的回应，消除幼儿的不安全感，才能真正实现离园环节的愉悦、稳定、轻松与自然。

（续表）

幼儿常见问题	解 决 策 略
整理和归位意识不足	教师可通过情景化的语言和场景，使幼儿积极参与到整理仪表和整理物品的活动中，让幼儿充分体验自我服务的过程，不断提高生活技能，逐步养成自我服务的习惯。

扫描二维码，欣赏小班离园环节的视频

第二节 中班离园环节的组织

一、目标定位

1. 情绪愉悦地参加离园活动。

2. 在教师的提醒下，能主动收拾、整理玩具及物品，做好离园准备。

3. 养成有礼貌的好习惯，能主动向教师、同伴道别。

4. 有一定的安全意识，不追跑、打闹，不跟陌生人走。

二、环境创设

1. 根据幼儿的年龄特点和教室的整体环境来设计、制作离园步骤图。

2. 播放温馨愉悦的轻音乐，营造快乐的离园氛围。

3. 与幼儿讨论开心的事，让幼儿带着愉悦的心情离园。

4. 开展形式多样的活动，对幼儿进行有针对性的教育。

5. 和幼儿一起梳理整理仪表的步骤及方法，用图片或者是文字的形式张贴出来。

图示参考：离园步骤

（1）幼儿离园活动步骤（见小班幼儿离园活动步骤及图示参考，注意中班幼

儿的年龄特征)

(2) 教师离园活动工作步骤(见小班教师离园活动工作步骤及图示参考,注意中班幼儿的年龄特征)

(3) 家长离园活动步骤(见小班家长离园活动步骤及图示参考,注意中班幼儿的年龄特征)

三、组织过程

1. 幼儿在教师的提醒下进行离园盥洗。

2. 教师可采用念儿歌或玩游戏的形式提醒幼儿自己整理仪表及物品,帮助个别能力弱的幼儿进行整理。

3. 教师与幼儿回顾一日在园的趣事,让幼儿带着开心、愉悦的心情回家。

教师:谁愿意来与大家分享今天学习的新本领,或者是分享一下今天发生的开心的事?

4. 教师与幼儿一起讨论离园的安全注意事项。

教师:在回家的途中,我们应该注意哪些安全问题呢?

5. 组织幼儿进行安全、有趣的离园活动,提醒幼儿在活动时保持安静。

6. 离园时,教师要准确识别家长,亲自将班级中的每一位幼儿交到其家长手里,确保交接安全。每接走一名幼儿,教师都要做好记录并随时清点幼儿人数。

7. 主动与家长作礼貌而简短的交流,如需与家长进行比较具体、深入的交流,应等大部分幼儿离园后,或者另外约定交谈时间,避免疏忽对其他未离园幼儿的监护。交谈内容可包含幼儿在幼儿园的饮食、睡眠、游戏、学习等各方面的情况。

8. 引导幼儿主动、有礼貌地向教师和同伴道别。

9. 家长晚来时,及时与家长取得联系,告知幼儿家长晚来接的原因,安慰幼儿耐心等待。

教师:宝贝,妈妈正在开会,她说 20 分钟后就会来接你了,别着急,我们一起等妈妈吧!

10. 对未入园幼儿进行回访(电访)。

11. 做好第二天的教学准备工作,如环境、内容、材料等的准备。

12. 整理材料并清洁消毒。

13. 进行安全排查,关闭水电、门窗并做好记录。

四、行为指南

(一) 幼儿

1. 离园前

(1) 做好离园前的盥洗活动。

(2) 愿意参与安静的活动,保持情绪稳定愉快。

(3) 整理穿着和仪表,并把自己的物品摆放整齐。

2. 离园中

(1) 情绪基本稳定,能愉快地参与离园活动。

(2) 根据自己的意愿选择离园活动,遵守活动规则。

(3) 离园时,将玩具、材料、椅子等归位并摆放整齐,保持环境整洁有序,背上书包。

(4) 不随意奔跑,能安静等待家长。

3. 离园后

(1) 离开教室时,主动并有礼貌地向教师和同伴道别,约好第二天愉快地来园。

(2) 能转交教师给家长的书面通知、便签等。

(3) 有一定的安全意识,主动跟随家人离园,不跟陌生人走,不独自离开。

(4) 在教师和家长的提醒下注意安全。

(二) 主班教师

1. 离园前

(1) 清点幼儿人数,请幼儿自主报数。

(2) 指导幼儿整理物品,叠好衣物,无遗漏,并检查幼儿仪表。

(3) 组织幼儿开展离园活动,让幼儿安静地坐好,与幼儿回顾当天的生活和学习经验,或鼓励幼儿整理班级环境,形成为集体服务的意识。

(4) 与幼儿一起讨论回家途中及离园后的注意事项,进行安全、饮食、卫生教育。

2. 离园中

(1) 与幼儿一起进行有趣的离园活动,提醒幼儿注意活动时保持安静。

(2) 确认家长身份,与家长做好幼儿的交接,每接走一名幼儿,教师都要做好记录并随时清点幼儿人数。

(3) 主动与家长作礼貌而简短的交流,有针对性地向家长提出指导性建议,共同配合教育；如需与家长进行比较具体、深入的交流，应等大部分幼儿离园后，或者另外约定交谈时间，避免疏忽对其他未离园幼儿的监护。沟通时要注意教师间的分工。

(4) 有陌生人来接幼儿时，首先与家长取得联系，确认来人身份，得到家长同意，并请来人在交接记录本上签字，之后方可把幼儿交给来人。

(5) 慎重对待有特殊要求的幼儿。

3. 离园后

(1) 面带微笑，主动向幼儿、家长道别。

(2) 家长晚来时，及时与家长取得联系，告知幼儿家长晚来接的原因，安慰幼儿耐心等待。

(3) 对未入园幼儿进行回访(电访)。

(4) 做好第二天的教学准备工作，如环境、内容、材料等的准备。

(三) 协教或保育教师

1. 离园前

(1) 指导幼儿整理物品，检查物品是否有遗漏。

(2) 提醒和帮助幼儿检查自己的仪表。

(3) 提前整理好需分发给幼儿的物品。

(4) 打扫盥洗室，做好清洁、消毒工作。

2. 离园中

(1) 协助主班教师组织离园活动。

(2) 提醒幼儿离园时将玩具、材料、椅子等归位。

(3) 随时清点幼儿人数，注意还未被接走的幼儿的情绪及安全。

(4) 家长晚来时，安慰幼儿耐心等待，与幼儿一起游戏(看书、讲故事、玩积木等)。

3. 离园后

(1) 协助主班教师做好第二天的教学准备工作。

(2) 全体幼儿离园后进行活动室设施、设备的清洁消毒和安全检查等工作。

(3) 检查门窗、水电是否关好，并做好记录。

(四) 保健医生

1. 在园门口对幼儿健康状况进行离园检查。特别是传染病流行期间，要着重观察幼儿有无流行性疾病的早期症状。

2. 检查幼儿服装是否整洁，观察幼儿情绪是否愉悦。

3. 如在一日生活的健康观察中发现个别幼儿有情况，要向他们的家长简明、扼要、客观地反馈，积极主动地争取得到家长的理解与配合，保留好相关资料，做好相关记录，并进行健康教育知识宣传。

4. 巡看并指导保育教师的卫生消毒等保育工作。

五、幼儿常见问题与解决策略

幼儿常见问题	解决策略
离园时特别兴奋，常有打闹、追跑、“人来疯”的现象	1. 要适当地放松要求，根据幼儿的个体特点来制定目标、提出要求，让幼儿只要稍微努力就可以做到，并在生活中给幼儿充分的自由，让幼儿有足够的活动空间自由发挥，给幼儿创造一个宽松舒适的生活环境。 2. 要多与幼儿交流沟通，理解幼儿，走进幼儿的内心。 3. 相信幼儿，在平时多让幼儿做一些力所能及的事，让幼儿能够肯定自己。 4. 要理解幼儿，了解幼儿的思想，注意尊重幼儿，千万别在人多的时候训斥他们，伤害他们的自尊心，让幼儿反感，而是要在人后与幼儿谈心，温和地交流沟通，进行正面引导，让幼儿明白自己的行为造成的影响，给幼儿改正的机会。
非常热衷于离园期间的活动，喜欢和同伴一起玩游戏或分享玩具等，家长来接了还迟迟不肯离园	1. 教师要巧妙利用策略，使幼儿能情绪愉悦地结束活动，与家长离开。适当满足幼儿游戏的兴趣点，让游戏时间适当延长。 2. 注意培养幼儿的时间观念，商定延长多久的时间就一定要做到。既让幼儿对幼儿园的生活保持稳定持久的兴趣，又对明天来园充满期待和向往。

第三节　大班离园环节的组织

一、目标定位

1. 愉快、安静地参与离园活动，能独立收拾、整理玩具及自己的物品。

2. 能记住教师交代的任务，并能口述告知家长。

3. 整理好仪表，主动、有礼貌地向教师和同伴道别。

4. 有自我保护意识，能自觉遵守离家途中的注意事项，不独自离开，不跟陌生人走。

二、环境创设

1. 根据幼儿的年龄特点和教室的整体环境来设计、制作离园步骤图。

2. 播放温馨愉悦的轻音乐，营造快乐的离园氛围。

3. 与幼儿讨论开心的事，让幼儿带着愉悦的心情离园。

4. 开展形式多样的活动，对幼儿进行有针对性的教育。

5. 和幼儿一起梳理整理书包的方法，用照片或者是简笔画的形式表现并张贴出来。

图示参考：离园步骤

(1) 幼儿离园活动步骤(见小班幼儿离园活动步骤及图示参考，注意大班幼儿的年龄特征)

(2) 教师离园活动工作步骤(见小班教师离园活动工作步骤及图示参考，注意大班幼儿的年龄特征)

(3) 家长离园活动步骤(见小班家长离园活动步骤及图示参考，注意大班幼儿的年龄特征)

三、组织过程

1. 幼儿自主进行离园盥洗活动。

2. 幼儿自主整理仪表及物品并相互检查仪表是否整洁。

3. 幼儿主动与小伙伴交流一日在园的趣事或者是学到的新本领。

4. 教师与幼儿一起讨论离园的安全注意事项。

教师：在回家的途中，我们应该注意哪些安全问题呢？

5. 组织幼儿进行有趣的离园活动，提醒幼儿在活动时注意安全。如有家长来接，提醒幼儿将玩具和物品收拾归位，轻轻地离开座位，轻轻放好小椅子，背上书包，再和老师、同伴说再见。

6. 离园时，教师要准确识别家长，亲自将班级中的每一位幼儿交到其家长手里，确保交接安全。每接走一名幼儿，教师都要做好记录并随时清点幼儿人数。

7. 主动与家长作礼貌而简短的交流，如需与家长进行比较具体、深入的交流，应等大部分幼儿离园后，或者另外约定交谈时间，避免疏忽对其他未离园幼儿的监护。交谈内容可包含幼儿在幼儿园的饮食、睡眠、游戏、学习等各方面的情况。

8. 主动向幼儿和家长礼貌道别。

9. 家长晚来时，及时与家长取得联系，并告知幼儿家长晚来接的原因，安慰幼儿耐心等待。

10. 对未入园幼儿进行回访(电访)。

11. 做好第二天的教学准备工作，如环境、内容、材料等的准备。

12. 整理材料并清洁消毒。

13. 进行安全排查，关闭水电、门窗并做好记录。

四、行为指南

(一) 幼儿

1. 离园前

(1) 离园前盥洗。

(2) 主动愉快地参与离园活动，遵守活动规则。

(3) 能熟练地整理仪表和分类整理好自己的物品，并有序摆放。

2. 离园中

(1) 情绪稳定，能主动使用礼貌用语。

(2) 根据自己的意愿选择离园活动，遵守活动规则。

(3) 离园时，主动将玩具、材料、椅子归位并摆放整齐，保持环境的整洁有序，背上书包。

(4) 不随意奔跑，能安静地等待家长。

3. 离园后

(1) 离开教室时，主动并有礼貌地向教师和同伴道别。

(2) 有自我保护意识，不独自离开，不跟陌生人走。

(3) 记得转交或转达教师给家长的书面或口头通知。

(二)主班教师

1. 离园前

(1) 鼓励和引导值日生清点当天幼儿人数。

(2) 组织幼儿进行餐后活动，请幼儿相互检查仪表，引导幼儿将自己的衣裤整理好。

(3) 鼓励幼儿两两结伴互相检查、整理衣物。

2. 离园中

(1) 请幼儿自主选择有趣的离园活动，提醒幼儿进行活动时要小声交流。

(2) 确认家长身份，与家长做好幼儿的交接，每接走一名幼儿，教师都要做好记录并随时清点幼儿人数。

(3) 主动与家长作礼貌而简短的交流，有针对性地向家长提出指导性建议，共同配合教育；如需与家长进行比较具体、深入的交流，应等大部分幼儿离园后，或者另外约定交谈时间，避免疏忽对其他未离园幼儿的监护。沟通时要注意教师间的分工。

(4) 有陌生人接幼儿时，首先与家长取得联系，确认来人身份，得到家长同意，并请来人在交接记录本上签字，之后方可把幼儿交给来人。

(5) 慎重对待有特殊要求的幼儿。

3. 离园后

(1) 面带微笑，主动向幼儿、家长道别。

(2) 家长晚来时，及时与家长取得联系，告知幼儿家长晚来接的原因，安慰幼儿耐心等待。

(3) 对未入园幼儿进行回访(电访)。

(4) 做好第二天的教学准备工作，如环境、内容、材料等的准备。

(三) 协教或保育教师

1. 离园前

(1) 提醒幼儿整理好物品，检查物品是否有遗漏。

(2) 指导幼儿检查自己的仪表。

(3) 指导值日生提前整理好需分发的物品。

(4) 打扫盥洗室，做好清洁、消毒工作。

2. 离园中

(1) 协助主班教师组织离园活动。

(2) 提醒个别未将物品归位的幼儿离园时将玩具、材料、椅子等归位。

(3) 随时清点幼儿人数，注意还未被接走的幼儿的情绪及安全。

(4) 家长晚来时，安抚幼儿情绪，安慰幼儿耐心等待。

3. 离园后

(1) 协助主班教师做好第二天的教学准备工作。

(2) 全体幼儿离园后进行活动室设施、设备的清洁消毒和安全检查等工作。

(3) 检查门窗、水电是否关好,并做好记录。

(四) 保健医生

1. 在园门口对幼儿健康状况进行离园检查。特别是传染病流行期间,要着重观察幼儿有无流行性疾病的早期症状。

2. 检查幼儿服装是否整洁,观察幼儿情绪是否愉悦。

3. 如在一日生活的健康观察中发现个别幼儿有情况,要向他们的家长简明、扼要、客观地反馈,积极主动地争取得到家长的理解与配合,保留好相关资料,做好相关记录,并进行健康教育知识宣传。

4. 巡看并指导保育教师的卫生消毒等保育工作。

五、幼儿常见问题与解决策略

幼儿常见问题	解　决　策　略
离园环节,告状声接连不断	教师要引导幼儿学习关注同伴,发现别人的优点,提高判断、评价的能力。引导幼儿通过说出自己和同伴的进步,培养幼儿良好的自主意识,增进友谊,促进表达。
离园整理时容易丢三落四	1. 教师要鼓励幼儿做事有始有终,培养幼儿有序整理的意识和习惯。要相信幼儿只要有相应的机会多练习,就能积极主动地把事情做好。所以教师要多放手,多给幼儿提供自我服务、照顾环境、合作交往的机会,不断培养他们认真做事的态度。 2. 充分发挥值日生的作用,让值日生帮助个别能力弱的幼儿一起整理,提供幼儿合作、互助的机会,使幼儿的交往能力不断提高,社会性得到发展。

参考文献

[1] 常敬.中美高校开放教育资源建设比较研究[D].山东师范大学，2013.
[2] 杜长娥，董欣，刘彦芝等.农村幼儿园一日生活指导[M].北京：北京教育科学出版社，2015.
[3] 范兆雄.课程资源概论[M].北京：中国社会科学出版社，2002.
[4] 方宝艳，刘虹，张旭.幼儿快乐成长：养成教育扩展课程[M].北京：团结出版社，2013.
[5] 黄菊芳.幼儿园课程资源开发利用初探[J].学前教育研究，2007(7—8).
[6] 何小琴.幼儿园生活活动组织[M].北京：科学出版社，2014.
[7] 教育部基础教育司.《幼儿园教育指导纲要(试行)》解读[M].南京：江苏教育出版社，2002.
[8] 教育部师范教育司.课程资源的开发与利用[M].北京：高等教育出版社，2004.
[9] 孔敏.农村幼儿园课程资源开发与利用研究[D].河南师范大学，2013.
[10] 蓝天幼儿园.养成教育手册[M].北京：北京理工大学出版社，2008.
[11] 林崇德.发展心理学[M].北京：人民教育出版社，2009.
[12] 李爱华.生活即教育——真实践主题活动探究[M].北京：北京师范大学出版社，2009.
[13] 李季湄，冯晓霞.《3—6岁儿童学习与发展指南》解读[M].北京：人民教育出版社，2013.
[14] 陆海莲.幼儿园生活活动中的师幼对话个案研究[D].东北师范大学，2012.
[15] 李金英.幼儿园小班日常生活活动中常规教育研究[D].河北大学，2014.
[16] 梁雅珠，陈欣欣.幼儿园保育工作手册[M].北京：人民教育出版社，2016.

[17] 廖丽,吴舒莹,袁爱玲.幼儿园生活活动指导[M].福州：福建教育出版社,2014.

[18] 吕颖.幼儿园一日生活实施指引[M].北京：北京师范大学出版社,2015.

[19] 马克思,恩格斯.马克思恩格斯全集(第19卷)[M].北京：人民出版社,1963：406.

[20] 玛丽·霍曼,伯纳德·班纳特.活动中的幼儿——幼儿认知发展课程[M].北京：人民教育出版社,1995.

[21] 孙艳华.幼儿园课程资源的开发与利用[J].学前教育研究,2007(3).

[22] 单中惠,刘传德.外国幼儿教育史[M].上海：上海教育出版社,1997.

[23] 王晓樊.我国幼儿园科学课程资源开发利用的研究综述[J].基础教育研究,2013(6).

[24] 吴超伦.幼儿园一日生活的探索与实践：保教结合操作手册[M].上海：上海科学技术出版社,2013.

[25] 吴刚平.课程资源的理论构想[J].教育研究,2001(9).

[26] 吴文艳.幼儿园一日生活过渡环节的组织策略[M].北京：中国轻工业出版社,2014.

[27] 线亚威,刘晓娟.幼儿园生活及户外活动指导[M].北京：高等教育出版社,2014.

[28] 虞永平.生活化的幼儿园课程[M].北京：高等教育出版社,2010.

[29] 中华人民共和国国务院.国家中长期教育改革和发展规划纲要(2010—2020年)[DB/OL]. http://www.gov.cn/jrzg/2010-07/29/content_1667143.htm,2014.9.23.

[30] 中华人民共和国国务院.国务院关于当前发展学前教育的若干意见[DB/OL]. http://www.gov.cn/zwgk/2010-11/24/content_1752377.htm,2014.9.23.

[31] 中华人民共和国教育部.教育部关于规范幼儿园保育教育工作 防止和纠正“小学化”现象的通知[DB/OL]. http://www.moe.gov.cn/publicfiles/business/htmlfiles/moe/s3327/201201/xxgk_129266.html,2014.9.23.

后　记

时光荏苒，回首 30 年的幼教生涯，点点滴滴汇聚心中，感慨万千。

2015 年，我园有幸参与了湖南省教育科学研究院学前与特殊教育研究室副主任、湖南省特级教师周丛笑老师主持的省教科规划重点课题“幼儿园教育活动资源建设研究”，承担了其中的子课题“幼儿园生活活动资源建设研究”。我们凝心聚力，走上了“全园参与重实践，家园互动重养成”的教育科研之旅。在我园迎来建园 60 周年华诞之际，课题研究也结出了累累硕果，带着美好的记忆与期待终将结集成书。这项倾注了我园全体教职员工智慧与心血的成果，将献给关注与热爱幼教事业的同仁们，将献给每一位曾在这里挥洒过汗水、留下过足迹的老师、家长和孩子们。

我们在与周丛笑老师就“生活活动” 交流时，她抛出两个问题：什么是生活？谁的生活？经过多年实践和研究，我们认为，生活包含一个人日常活动和所有的经历，是孩子和老师们共同的生活。周老师非常认同我们的看法，“孩子们的生活是综合的，幼儿园生活、家庭生活、社区生活不能割裂”。周老师的话让我们重新审视自己的生活活动。生活活动想要做的是什么？生活活动带给孩子们的将是什么？生活活动目标如何与《指南》中的目标相衔接？也就是说能否在我们的生活活动中看到《指南》中的目标，生活活动如何落实《指南》的目标，这是最为关键的，也是我们贯彻《指南》的根本。由此，我们在周老师的指导下，将“引领孩子过有品质的生活”作为生活活动的终极目标，并梳理了基于《指南》背景下的“有品质的生活”的核心关键词——健康、有序、文明、美好。

本书共八个章节，编著分工如下：周丛笑担任丛书主编，负责确定丛书编写思路，拟定各册章节目录、提纲及编写体例，进行各册的最终统稿及修改，并撰写前言；湖南省怀化市新晃县幼儿园园长李奕在丛书整体框架下，负责全书的策划与统稿；导论由李奕和湖南省怀化市新晃县幼儿园副园长姚昕共同撰写；第一章至第八章分别由湖南省怀化市新晃县幼儿园教师谢敏、尹敬、杨崎飞、田春苗、吴玫姗、张琬茜、姚小丽、杨文娟撰写；湖南省怀化市新晃县幼儿园教师杨乐、姚丽蓉、沈琦、蒲沐、姚杏、何夏颖、曾七英、黄艳、吴芳、杨丽萍、成秋红等为本书提供了图片、视频。

撰写过程中，老师们以严谨的态度精心编写，研究成果均来自一线实际，可操作性很强，在理论与实践的结合上颇具特色。面对它，我们感慨万千。难忘多年来朝夕相处的研讨，难忘每一次向前迈步的艰辛，更难忘点滴成功之后的欣喜。我们欣慰地看到，老师们一步一个脚印地踏实前行，在专业成长中更加坚定了为幼教事业奉献终身的信念。

本书的编撰与出版得到了各级领导和专家的关怀与重视。在此特别感谢湖南省教科院课题负责人周丛笑老师多年的精心指导！感谢湖南大学幼儿园肖晓敏园长和广东省特级教师、深圳市罗湖区幼教研究员匡欣老师的热心帮助！感谢怀化市教科院、新晃县教研室、新晃县普教股的鼎力支持！更要感谢的是孩子们，没有他们就没有实践的沃土，感谢孩子们带给我们充满童真童趣的每一天。相信在大家的共同努力下，孩子们在园度过的每一天都会快乐而有价值，祝愿孩子们在未来的人生道路上充满希望，充满惊喜，更充满幸福和感恩！

本书在编写过程中，参考了许多专家、学者的著述，在此，向幼教道路上的前辈、同仁致以最崇高的敬意和最诚挚的谢意！因编者水平有限，很多文字与内容或许并不成熟，也难免有纰漏和瑕疵，还请同仁们包涵指正。

李　奕

2018 年 8 月